GILLES AZZOPARDI

[法] 吉勒·阿佐帕蒂 著

彭馨瑶 译

掌控社交

如何按照自己的意愿影响他人

NOUVEAU MANUEL
DE MANIPULATION

国际文化出版公司

·北京·

图书在版编目（CIP）数据

掌控社交：全两册 /（法）吉勒·阿佐帕蒂著；彭馨瑶译．— 北京：国际文化出版公司，2021.7

ISBN 978-7-5125-1251-1

Ⅰ.①掌… Ⅱ.①吉… ②彭… Ⅲ.①社会交往－通俗读物 Ⅳ.① C912.3-49

中国版本图书馆 CIP 数据核字（2020）第 197271 号

北京市版权局著作权合同登记号：图字 01-2020-7733 号

掌控社交（全两册）

作　　者	[法] 吉勒·阿佐帕蒂	
译　　者	彭馨瑶	
责任编辑	侯娟雅	
出版发行	国际文化出版公司	
经　　销	国文润华文化传媒（北京）有限责任公司	
印　　刷	三河市华晨印务有限公司	
开　　本	880 毫米 ×1230 毫米	32 开
	14.75 印张	240 千字
版　　次	2021 年 7 月第 1 版	
	2021 年 7 月第 1 次印刷	
书　　号	ISBN 978-7-5125-1251-1	
定　　价	79.80 元	

国际文化出版公司
北京朝阳区东土城路乙 9 号　　邮编：100013
总编室：（010）64271551　　传真：（010）64271578
销售热线：（010）64271187
传真：（010）64271187-800
E-mail：icpc@95777.sina.net
http://www.sinoread.com

引　言

如何获取想要的东西？世上没有三万六千种方法，仅有两个：蛮横暴力以及巧思妙计，如今，我们将后者称为操纵。

自然界的人类、其他动物，甚至植物，他们运用各种各样的技巧来达到自己的目的。有些善于伪装。比如，无害的扁鼻子游蛇拥有眼镜蛇的外表，以便吓唬那些潜在的敌人。再比如，镜兰通过散发与雌性黄蜂相同的化学混合物，以吸引雄性黄蜂为其授粉。还有其他成功的伪装艺术。例如，章鱼可以呈现出其附着的岩石的形状和颜色。再如竹节虫，一种草食性昆虫，它可以通过精准模仿其栖息植物的细节完美融入环境中。因此，动物和植物界为了诱惑、果腹、或者生存繁育，充满了各种花招、诡计和谎言！

我们人类运用的技巧更为繁多，其武器是语言——说服。从坏处看，这可能引发谎言（背信弃义、散布谣言）；好的方面在于，它可以利用自己的那套理由来说服他人。总而言之，这正好与正面冲突或者野蛮粗暴相反。我们知道，在一个主张民主的社会，主要是通过语言来表达分歧，否则，暴力就会占主导地位。

单词“manipuler”（操纵）源于拉丁语“manus”，意为“手”，由中世纪拉丁语“manipular”变形而来，意为“用手操作”。这意味着什么？实际上，这是一种实用的智慧，一种行动的技巧。这是一种工匠的“巧手”，也是政治家和战略家的“手腕”。而且这总是可以帮助我们做出正确的选择（好方法、好时机……），也可以影响他人的选择。

这正是本书想要表达的。如何不再被人作弄，如何摆脱杂念，自由地爱和选择？如何更好地把握当前局势，创造有利于自己的局面，从而让人重视自己的观点，说服他人按照自己的意愿行动，达到事半功倍的效果，且不伤和气？这并非没有方法。政界和传播行业的马基雅维利推崇者、广告和销售专家、教育和管理行业的专业人员为实现其目标，制订了非常详尽且极其有效的策略和技巧。掌握这些技巧，不仅可以免受他人打扰，还可以得到想要的（几乎所有的）一切。

目　录

第 II 部分 /079

说服的艺术

第 III 部分 /147

化解矛盾的技巧

第Ⅳ部分 /205

办公室的幸福

第 1 部分

日常影响

第1章　给人留下良好印象的七个诀窍

当我们第一次遇到某人时，会立刻对眼前之人产生第一印象。人类学家和心理学家认为，这种第一印象的直接性是由基因编程而产生的。这是一种生存反射。朋友还是敌人？几千年以来，看第一眼就能区分敌友，这种能力攸关生死。

当今，虽然人们在初次相遇时面临的风险要小得多，但是评估他人同样只需几秒钟。

第一印象是如何形成的？它是潜意识信号的集合。身材、面容、表情、眼神、声音、态度、姿势、环境……所有这一切组成了对他人的印象，这个印象几乎是立刻存入了我们的心理硬盘。

第一印象并非全都是好的，它可能是负面的，也可能是正面的，但它是一定具有决定性的。在与某人第一次接触后，人们将很难改变对其产生的印象，尤其是当我们觉得对方讨厌的时候。

当我们觉得他很可爱的时候，这种想法更难改变！

如何从一开始就给人留下非常好的印象？方法有很多，即便我们的外貌并不讨人喜欢，整体处于劣势。

以下有七个诀窍，还有一些计谋，可以激发他人对你的好感，增强对方的心理暗示，让对方完全没办法或者难以拒绝你。

“眼神”的作用

很多研究表示，与我们对视的人通常更为友善，尤其是那些持续注视我们的人。例如，研究人员曾表示，一个人越是长久地看着我们，我们越发现他善于交际、大方、理性、诚实，并且值得相信。在我们看来，一个长时间注视我们的人甚至具有更好的自尊和更强的自控力。

即使不能面对面，这种眼神的正面效用也同样适用，比如仅仅是看照片。研究人员曾经给学生展示了从杂志里抽取的女性面孔，让学生们按照喜爱程度，从1（喜欢）到5（很喜欢）给她们打分。但是，每张照片都经过数字化处理，一张照片中的女性好像看着学生们的眼睛，另一张照片则没有。结果在第一种情况下，女性的分数高于3分；第二种，同样的女性分数则低于2.8分。

显然，我们认为注视着我们的人更为友善，那么，我们更容易接受他们的请求，当涉及金钱或者需要帮忙时，我们更倾向于对他们说“好的”。举个例子，一位年轻的女性往电话亭的搁板上扔了几个硬币，她等着有人来捡走它们，几分钟后，她又回到电话亭，询问当事人是否捡到几枚硬币。没有眼神接触的话，归还硬币的概率为72%——这个结果已经相当惊人了：人们大多还是诚实的，不管怎么说，这个实验可是在1970年进行的。在眼神的注视下，归还的概率为87%。

同样的，当对方与我们眼神对视的时候，三分之二的人倾向于答应对方的请求……当缺少眼神交流的时候，则只有34%。

总之，眼神是一切的钥匙，它解密了相遇，尤其是情人间的邂逅，它传达出热情、信任以及欺骗，因为，显然我们有可能被政客、汽车销售员，或者一个心术不正的操纵者“坦率”的眼神欺骗。

感觉到被注视会激发诚实？

纽卡斯尔大学（英国）的生物学和心理学专家表示这很有可能。多年以来，该大学的一个公共大厅放着“诚实之盒”，用以售卖饮料，但并没有售货员，人们可自由地放入想要支付的金额。盒子的下面有一张价目表和一张照片，每周轮流会摆放带有一双眼睛的照片或者一张鲜花照片。实验的结果令人震惊：当照片中的眼睛注视着人们的时候，人们会摆放几乎三倍于价格的金钱到盒子里，但鲜花照片则不会。简而言之，在他人的目光注视下，人们总是更容易合作。

资料来源：《英国科学院杂志》，2006 年 6 月

微笑的影响

人们说，狼通过学会微笑而不是张开獠牙来和人类共同生活。这是一个对双方都有利的事情：整个冬天，狼可以不必猎物而得以饱食，而人类在任何季节都可以得到保护以免遭食肉动物的侵袭，人类和动物是一样的。我们的朋友——狗，就是这么来的。

因此，微笑是所有社交互动的基础，它常常让事情变

得截然不同。

当一个人微笑的时候，人们经常会判定他更友好、更善良、更迷人、更擅长社交，同时，奇怪的是，会认为他也更聪明。由于更迷人和更擅长社交，一个微笑的人同时也被认为更真诚、更独立、更具有能力。

此外，一个人越是开心地微笑，人们对此人的评价也越是正面。一位大笑的人，会牵动他的嘴唇，露出他的牙齿，其外貌的吸引力会增加一倍。如果在一个酒吧，他会多拿到几乎三倍的小费，如果需要免费搭乘顺路车的话，他多拥有近两倍的机会成功。此外，所有的面试官都会告诉你，面试的时候，如果应试者能力接近，外表靓丽者会被加分，但是即使没那么漂亮，一个微笑，一个开放积极的心态，也会动摇面试官的决定。当我们必须整天和某个人待在一起的时候，我们更愿意和那些微笑的人在一起。

更不要说微笑在吸引力方面的影响了。男性比女性笑容要少得多。但最愚蠢的搭讪者都知道要表现得自己值得信任，在开启滔滔不绝的玩笑话之前要堆起满脸笑容。

在任何情况下，微笑都让人安心。它意味着："你无须害怕，我都是出于好意。"同样的，并不是所有的微笑都让人安心。如何区分它们呢？自 19 世纪下半叶，法国神经学家杜彻尼·德博洛尼发现，表现真诚愉悦的微笑和伪装的微笑区别在于，前者会使眼睛周围的一块“眼轮匝肌”收缩。

1980 年，曾经启发了电视剧《超感神探》的心理学家保罗·艾克曼证实：大部分人不能有意地收缩眼轮匝肌。此外，一个真正的微笑会在额叶中引发一种不对称的活动，被认为是正面积极的信号。艾克曼将这种微笑称为“杜彻尼微笑”，这个称呼由此保留。

是否因此就必须始终保持微笑呢？有不同的意见。自从科学关注起微笑，有证据表明微笑会触发大脑中生物化学的变化，从而释放累积了一整天的压力、焦虑和紧张感。最重要的是，因为人类是拟态生物，微笑具有传染性并可改善社交关系。

另一方面，虚伪的友好使人增加皱纹，也导致免疫防御能力减弱，同时伴随压力、抑郁和人格障碍。法兰克福大学心理学学院进行了一项关于“职业”微笑的研究，其结果正是如此。售货员、空乘小姐和服务员最容易患上“倦怠综合征”。

总之，微笑吧，但是要真正地微笑！

握手的力量

在生活中，即使不参与政治或不卖汽车，人们一生大约握手 15000 次，每天平均握手一次半。这是雪佛兰赞助的一项最新研究成果，目的是让其商务人员学会如何握手，因为人们似乎对此并不知晓。据此份研究，与他人握手的时候，70% 的人缺乏自信，其中五分之一的人因为害怕犯错误，必须遵守该仪式，而这种情绪让他们害怕。必须说，一次简单的握手可能让我们在面临一次求职面试、一桩大生意、一场爱情的征服时……大获成功或者一败涂地。

我们握手的方式透露出很多信息，尤其在一段时间内，我们的握手方式十分稳定。换句话说，我们总是以相同的方式握手，那必须“努力”进行更改。一般而言，男性的握手要比女性坚定。不论男女，“坚定”的握手总是给人留下更好的印象。最后，性格外向的人握手更加坚定，害羞的人则更加柔弱地握手。

作为活力的信号，坚定的握手甚至可能成为寿命的指示灯。英国研究人员在大约四十年的时间里辑录了 33 项，针对 5 万人的研究数据。结果显示那些握手柔弱的人与握手坚定的人相比，前者中 67%的人死亡年龄更早。

因此，我们的握手并非毫无意义。一次好的握手给人好感，并减弱可能出现的负面印象。

如何成功地握手，一下子给人良好印象呢？曾为雪佛兰进行这一研究的曼彻斯特大学心理学家威廉·毕帝表明："无论男女，规则都是一样的：用整个右手握手，按压坚定，但是不能太过，手的位置放于你和对方的中间，手掌柔和干燥，握手摆动大约三下，力度中等，持续时间不超过两到三秒。整个握手期间保持眼神交流，同时带着自然的微笑。当然了，整个过程须伴随着得体的交谈。"

揭秘握手

» 握手会说话，但小心了，外表有时候也具有欺骗性。

» 对方向你伸手，胳膊朝下，手掌朝着地面，毫无疑问，他是一个支配者，或者他想给你一个下马威。

» 柔软无力（握手力度弱）：不信任！可能对方很害羞，他对自己缺乏自信，但是也可能是对方难以交往，他认为你不存在！（毫不在乎你！）

» 痛苦（你感到手指节受到压迫）：这更像是带有攻击性的信号，而不代表对方很自信或令人安心。这类人如果不与对方交锋就没办法交流。

» 逃避（你的手指感觉什么都没握住）：它代表着某种伪善，这是典型的“有罪”的握手，通常对方已经对你酝酿了一个坏心思。

» 仅握住手指：这类人逃避接触，寻求倾听，是一个害羞的人，或者怨恨你的人。

» 仅握住食指：一般来说，对方与你面对面的时候感到自卑，或者感觉低你一等。

» 用双手握手，或者同时握住你的前臂，或者肩膀：快逃！这是一个骗子（卖保险的、政客……）

触碰的影响

我们同周围环境的身体接触直接影响着我们对于世界和他人的感知。举个例子，在向你介绍一个人之前，人们让你摸到柔滑的面料，你会更加开放，对新来的人更热情。反之，如果提前让你接触材质令人不舒服的东西，你对他就不那么友好了。

触感越是柔和，人们越是感到宽容和大方；触感越坚硬，人们越自私。

当我们触碰他人时，对方会自动认为我们更有吸引力，他说“是”的可能性是原来的两倍。当售货员在商店里触碰客户时，客户停留的时间更长：22.11 分钟，缺少触碰则为 13.56 分钟；客户也购买得更多：13.56 美元，否则为 12.23 美元。同样有研究表明，在酒吧或者餐厅里，我们总是明显感觉到触碰我们手臂的那些服务员更友善（总分 4 分，有触碰行为的服务员为 3.16，否则为 2.24 分），我们也会情不自禁地给他们更多的小费（账单的 17.68%，通常情况为 14.50%）。

当人们触碰他人时，总能获得更多。售卖比萨时，这条规则同样适用。美国学者在堪萨斯州的一家超市里做过一项测试，他们请示范推销员邀请顾客品尝比萨 X，一半的客户被触碰了前臂。结果，79% 被触碰的客户接受了品尝，而没有被触碰的客户只有 51% 接受了。更好的是，从 0 到 10 打分，两队对比萨的口味作出了同样的评价，但是 37% 被触碰的客户购买了该比萨，而没被触碰的客户则只有 19% 选择购买。

在邀请舞伴跳舞或者询问电话号码时，这一规则同样适用。比如，当在迪厅里邀请舞伴跳舞时，女孩儿更容易接受那位触碰了她的男孩儿：65% 会接受，如果缺少触碰，则为 43%。一个男孩儿，还算是一个“帅气”的男孩儿，当他快速地触碰了女孩儿的前臂，那他有两倍的机会（20%）

获得她的电话号码。

来自女性的触碰同样可能让人放下戒备。当涉及金钱投资或者赌约的时候，研究人员表示，若女性轻轻拍打男性的背部，则他们可能更容易冒险。

简而言之，触碰是一种具有巨大感染力的武器，特别是它与眼神相联系的时候：接受率上升到 91%。但是，为什么我们如此敏感呢？人类学家告诉我们，肯定是因为“触觉联系”是生物的第一种交流方式，比语言表达更早。被触摸给我们带来安全感，可加强信任，可降低戒备。当然，这根据不同的文化（例如，盎格鲁撒克逊人比拉丁人对触碰的敏感度低），以及每个人的亲身经历而有所差异。

“距离”因素

要想获得一切，仅专注于触觉接触就足够了吗？不一定。是的，如果你处于主导地位，例如父母面对孩子、老板面对员工……但是，如果正好相反呢？就需要考虑另一个因素：人际交往的距离。

请求的接受率（例如街上有人请你给他 1 欧元来乘坐公共汽车）根据距离而变化：60 厘米的时候，成功率为 70%，但相距 20 厘米，处于亲密范围，成功率跌至 40%。

换句话说，当我们向他人提出请求时，首先根据你与对方的亲密程度，保证你和他处于合适的距离。

另一个变量：触碰的地方。触碰手臂增加成功的概率（70% 对 40%）、触碰前臂（60%），但是其他地方的触碰则没什么效果——触碰肩膀，成功率为 45%，手为 35%。

最后，不要忽略了持续时间。两秒钟，最理想不过了。据网站 Severinehalimi.free.fr. 的说法，半秒的触碰太过飘忽，不起效果，五秒钟又可能让人焦虑。

变色龙效应

物以类聚？当然了。长久以来，人们倾向于按照共同特点来结成伴侣：年龄、外貌特点、种族、宗教信仰、社会职业、地理位置……

研究人员在已婚的伴侣中，甚至发现了相当奇特的外貌联系：两眼之间的距离，头、耳朵的大小，手臂、中指的长度……他们同时也表示，如果对方与我们有相似的面部特征，则我们更容易信任他们。

更让人惊讶的是，我们也会根据姓氏和名字的首字母来配对。如果你姓马丁 (Martin)，那么你更可能会与另一位马丁，甚至莫罗 (Moreau)、默尼耶 (Meunier) 结成伴侣，

而不是一位勒孔特 (Leconte) 或者迪朗 (Duran)。或者，如果你叫萨米亚 (Samia)，更可能嫁给一位萨米尔 (Samir) 或者赛利姆 (Selim)，而不是阿奇兹 (Aziz) 或者卡里姆 (Karim)。

还不止这些。从一个跟你有相同名字的人那里，你可能拥有三倍的机会获得他的正面的答复。下次贷款的时候可以就此考虑找一位合适的银行家。

这是一种自恋吗？我们更喜欢那些和我们相似的人——或者是出于一种安全感——我们和更加熟悉的人待在一起会更舒服？不管怎样，我们总是更愿意帮助我们的“同类”。比如，你的包裹或者文件掉在地上，如果对方和你穿着类似（同种风格、同种颜色），那么对方会更乐意帮你捡起文件。

越是相似就越好吗？到了罗马，就要入乡随俗吗？无论如何，我们本能地倾向于或多或少地模仿其他人的行为。

如果看到有人在刮鼻子，我们也会更频繁地刮鼻子；他若是偶尔晃脚，我们也会跟着晃脚；他做鬼脸，我们也做，一切都是如此，我们甚至都没有意识到。本能地，我们会模仿自己想要讨好的人、想要吸引的人或者想要说服的人的姿势、神态、语调、口头禅、态度和穿衣风格。

从中能得出什么结论呢？首先，我们通过模仿他人总能获得更多。比如说，如果你的老板狂热爱好西装领带，那么你最好也避免穿花衬衫。

最好也不要做得太过分，只有模仿得自然才有效果。如果模仿过于刻意，你就变成了老板的克隆人，也就是马屁精了。此外，要当心那些害人精，他们在刚碰面十分钟之后，就立刻变得和我们极其相似。

咖啡 & 巧克力：让人更容易接受的小东西

寻求一个帮助，一次加薪，升职，和一个客户、银行家、生活中的伙伴等谈判，从一杯咖啡开始吧！事实上，美国学者曾经证实，在一次面谈中要想留下好的印象，必须温暖对方的手。手上握着一杯温热的咖啡，人们更倾向于认为对方更加热情，更擅长社交，因而会不由自主地表现得更加宽容。再给一点巧克力，这会增加你的成功率：对方为了回报你，认为必须也给你提供一份帮助。

资料来源：《科学杂志》，2008

鹦鹉效应

人们对那些模仿自己行为的人表现得更大方，心理学家称之为“变色龙效应”。但是，人们对那些扮演鹦鹉的人同样也更加大方。举个例子，在一家荷兰餐厅，当服务员拿到点菜单后会经常复述一次客户点的菜“两个蛋黄酱白煮蛋、一份黑胡椒牛排……”，而不是仅仅说“好的”或者“我知道了”。

简而言之，使用对方的语言，可以让人愉悦、说服他人、受到关注。注意对方经常使用的词汇、口头禅，然后运用到你们的对话中。我们之后会谈到（第8章和第9章），这是解开男女关系的钥匙。同样的，当我们系统地重复对方对我们说的话，或者使用他的常用语，我们也总能获得更多，比如：“就像你刚才提到的……”“事实上，如果我没理解错的话……”

其他技巧

你大概已经了解，其实我们每个人多多少少都是个提线木偶，别人轻易地就能操控我们。在谈话中点头、轻微地向前倾、抬一下眉毛……表面上我们所有的看似无足轻重的态度和姿势，都包含了我们想象不到的作用。

首先看看我们与对方的站位方式。例如，一般情况下，我们更喜欢位于我们惯用手一侧的人或东西。当我们问一个右撇子想买哪件商品、想雇用哪个人，或者最喜欢哪个陌生人，他会选择他右侧的人或物品；如果是左撇子，则更倾向于他左边的。

大量的研究也表明，某些姿势会给他人良好的印象。

例如，我们发现，当一个售货员在与客户交流的时候点头以示认同，客户也会跟着点头，甚至会笑得更多，这是著名的变色龙效应（参看上节），其销售额也会增长11%。

你若想给人留下更好的印象，让人聆听，让别人采取你的建议，点头吧！对方会更专心，你们的面谈结束后也会感觉更满意，明显感觉你更加热情友善。

还有其他一些技巧能够帮你说服他人，更好地输出你的观点，心理学家称之为“脱衣舞效应”，广告商称之为“挑逗”，阿尔弗雷德·希区柯克称之为“悬疑”。

最典型的例子：艾维亚广告牌公司在1981年做的宣传推广。8月底，巴黎和其他大城市的广告牌贴着一则海报，上面是一位年轻漂亮的女性照片，穿着比基尼坐在海滩上。海报上只有一句广告语：“9月2日，我将脱掉上面。”9

月 2 日到了，同款海报，上面的女孩儿光着上身。新的广告词：“9 月 4 日，我将脱掉下面。”显然，所有人都焦急地等待后天的到来。9 月 4 日到了，米里亚姆——海报上的模特——确实脱掉了她的比基尼，但是，让人惊讶！这次，她背过身去了。无疑，这次宣传让大家不断地讨论她。

故事给我们的启示：当我们要传达一个重要信息的时候，总是要注意它的效果。透露一点儿信息，以勾起人的好奇心；玩弄他人的耐心，以达到更好的效果，先让人压力倍增，到最后让他们大松一口气。实际上，通过吊人胃口，我们总能更好地“操纵”他人。自然界中，雌性动物在交配之前，通常会让雄性动物焦急地等待很长时间；都市里的女性也不会按时赴约；警察在询问嫌疑人之前也会晾上一阵；老板、他的员工、他的供应商在谈判之前也会如此。人类诞生之时这个战术便有了，可谓非常有效。守时，毫无疑问是国王的礼节（路易十八），但延迟是操纵人心的一个绝妙技巧。

第 2 章　如何在人际关系中占主导地位

一个家庭、一群朋友或者一个团队被定义为由人组成的群体。每个人都是独一无二的，也多多少少以自我为中心。我们大都认为一个团体的运转取决于自己或纯良或邪恶的想法。

我们总是高估自己在一个团队里的贡献，大多数时候，我们想象自己比其他人做得更多。这无可指摘，只不过是因为我们从来不曾掌握所有的信息，关于其他人到底做了什么我们不清楚。

但是事实并非如此。一个团队，不管是什么团体，都有内部运行的机制，并不以某人的品质或强烈的意愿而转移。

在一个团体里，即使只有两个人，也总是存在强势和弱势的一方。有些人“天生”自带威严。的确如此，高大的比矮小的、年长的比年幼的、男性比女性……更加具有自信和权威，但仅靠外表和身份地位还不够，要占据主导地位取决于以下因素的总和：自信、经验、镇定的措辞……

摆脱自卑

要掌握主导权，第一件要做的事情就是不再恐惧。

每个人都是脆弱的，我们感到自己太矮、太胖、太穷、太愚蠢、太害羞……交锋时的困难正是源于此，我们害怕融入集体，害怕在公开场合讲话，害怕跟陌生人交流。通常情况下，我们更愿意缩小自己，藏在角落。

由于自卑，我们生活在害怕出糗、害怕犯错、害怕惩罚的情绪里，担心做不好，即使事后做好了也怀疑自己、自责、有意无意的罪恶感……这些让我们难以肯定自己，甚至于让我们遭受各种各样的操纵，我们发现自己上当受骗了。如何让自己不再恐惧，至少不再那么恐惧？

» 首先要说出来。对我们信任的人说出自己的恐惧（不是仅仅对自己的家人和亲密的朋友，但我们可以从他们开始），这个简单的行为可以自动释放被夸大的负面情绪。一点一点，这种情绪疏导让事情回归到正常的范围。那个“毁了”我的事情也不过是一件小事。害怕在公共场合讲话，就只是怯场而已，并不是得了瘫痪。一旦我们可以自由提起，大多数恐惧就变得能够忍受了。

» 当恐惧非常强大的时候，比如病态性的害羞，好的解决方法在于列一个尽可能完整的表，上面写着你感到脆弱的所有情况。举个例子，接受一个自己喜欢的男性的邀约、面对上司的批评、在大会上发言、盛装出席一个晚会、面对朋友们的嘲讽……然后根据痛苦程度分类。接着，从最能接受的痛苦开始，有意地去挑战每一个情形，直到能自如地面对这种情形为止。给每一种情形留下充分的时间（有时候需要几周），只有当你能非常舒服地面对这个情形之后，才能挑战下一个。

增强自信的十个必不可少的方法

当我们满怀自信，给人正面积极印象的时候，我们更容易把握主导权。与其比较自己的劣势——大多数人并不比你更好——不如把握当下。

» 精心打扮。衣着、发型、妆容……当镜中的自己令人满意的时候，我们总能感觉到皮肤更好，也更加自信。那么，不要犹豫，去投资化妆品和奢侈品吧。

» 行走更快。你拖着脚走路、倒退着走路、螃蟹似的走路……这自然而然地给你一种很可怜的感觉。步伐加快25% 的速度，你会立刻觉得自己更有活力、更重要。

» 良好仪态。你弯下腰，低下头，躲避人们的目光……在别人那里反而容易引发你最害怕的东西：负面评价。反之，保持良好仪态（背、肩、头）、与他人对视、微笑……你会感觉更加自信。所有的研究都表明，我们的身体、态度对我们的精神内容有直接影响。挺拔地坐在椅子上，这个简单行为会增强自信心，从而给人留下良好印象。

» 摆脱怪癖。拧头发、扯胡子、啃手指、搓手……所有这些小怪癖可不是无害的，它们会无意识地蚕食你的自信，然后，别人清楚地察觉出你的不自在。通过更有分寸的姿势，你可以获得威望。

» 站在头排。你害怕别人的负面评价，因此，就像大多数学校里、办公室或者大会上的人一样，你贴着墙边走，或消失在角落。你错了。许多研究表明，在团队中占据中心位置会大大提高我们的关注度。我们占据的位置越好，别人越是觉得我们外貌更具吸引力，更具社交能力，也更性感。

» 主动出击。当你等待别人朝自己走来的时候、等待别人与我们交谈的时候，你会专注于自己的恐惧心理，专注于或实际或假定的不足。通过主动接触，你会克服它们。诀窍是，永远别忘了，其他人通常跟你一样焦虑，甚至比你更焦虑，想着去邀约他人，去表达自己，或者去回答问题。

» 准备发言。你害怕、怯场到全身麻木，害怕冷场，害怕打磕巴或者说蠢话……准备一个小故事，在与人攀谈、自我介绍、吸引注意之前写下几句话。对着镜子大声地重复这些话，当然如果你乐意，也可以在脑海中重复这些话。

» 表达恐惧。当人们试图掩盖自己的恐惧的时候会紧张，其他人也能清楚地感受到。反之，通过大方承认自己这些明显的弱点，比如，“你知道，刚开始交流的时候，我总是有点紧张，但是过一会儿就好了。”你能够让对方消气。这会让你变得亲切，也让你更放松。

» 不要假想。当人们缺乏自信的时候，会尤其在意他人的眼光，因而也错误地理解别人的意思。稍微皱了一下眉头就认为是指责、批评，甚至是否决。还不如专注于自己的态度，这会让你从糟糕的情绪反应中走出来，从而做出合适的举动。

» 注重健康。个人的外貌、身体状况会严重影响我们的自信心。疲惫、紧张、消沉的时候，我们会更加脆弱，对自己更加不自信。反之，每天运动一点点，就足以改善自己的精神面貌。

即使不是领导，也要树立威望

自我肯定，在社会中树立威望，这并没有那么困难，更何况还有各种技巧可以利用。所有强势的人都会借助于此，你为什么不呢？

» 穿戴红色。大量研究表明，红色会影响别人对你的评价。在比赛中，穿红色服装的运动员比其他人得分更高，也更经常获胜（四倍）。在两性关系上，红色格外具有吸引力，穿着红色，男性显得更像个“支配者”，而女性则更容易接受你的邀约。

» 持续某种着装风格。彰显独特风格，就像贝尔纳－亨利·莱维[1]和他的白衬衣，蒂利·阿迪森[2]和他的黑色T恤……目前关于广告的研究表明，每天至少需要十条信息才能影响消费者的行为。并且，如果此消息与重复出现的

1. 贝尔纳－亨利·莱维，B.H.L（Bernard-Henri Lévy），1940年出生，法国引人注目的青年哲学家、政治活动家、记者和公共评论家，经常穿着标志性的白衬衣。

2. 蒂利·阿迪森（Thierry Ardisson），1949年出生，法国著名电视主持人，平时常穿黑色T恤。

视觉元素相关联，则其影响更大。

» 尊重社会礼节。“你好吗？”“身体怎么样？”……美国一位心理学家霍华德指出，我们的惯常问话，包括惯常回答的短句子，并非无关紧要，它们影响着社交关系。当某人回答“很好”的时候，他会觉得必须呈现出“很好”的样子，因而也更乐意接受一个请求。（参见下一章节）

» 请勿指手画脚。拉近椅子、拉开你的外套、善意地摇摇头，但是不要乱晃动。真正的统治者行事都很缓慢，几乎是静态的。看看雅尔塔会议上的斯大林，面无表情，但是丘吉尔和罗斯福咯咯地笑着，自己却被骗了。领导者是其他人围绕的中心。

» 带着灿烂的微笑。大家都知道微笑让人际相处更为舒适。但是很多研究同样表明，一个人如果笑得很灿烂，嘴角拉开，露出来上牙和下牙，那么他的外在魅力会增加一倍，并且让人觉得更具能力。

» 有幽默感。搭讪的时候很有用。根据法国民意调查所的调查，44% 的女性可能会选择一位“超级有趣”的爱人，而不是性感或者聪明的。还有其他优势，具有幽默感的男性通常被认为更加自信，如果你是一位女性，要避免开玩笑：大部分男性会认为你在嘲笑他们。

» 学会模仿。姿势、神态、语音语调、口头语、态度、穿衣风格……物以类聚，人以群分。所有的社会心理学研究都表明，人们更喜欢，也更愿意帮助那些和我们相似的人。（参看上一章节）

» 不要吝啬赞美。迎合他人是引起他人兴趣，保证良好合作的最好方式。首先让他人获得愉悦，因为这能满足他的自尊心。

» 赞同他人。英国和丹麦学者曾经发现，我们的大脑喜欢那些赞同我们意见的人！当有人同意我们时，它会刺激大脑的“回馈”区域，这种效果如同在炎炎夏日喝上一杯优质的冰镇啤酒或吃上一支冰激凌。

» 用问题回答疑问。这是心理学常见的技巧。一箭双雕，避免回答问题，又保留一部分神秘感。

» 学会突然停顿。通过突然改变态度或者行为，比如，你话说到一半停了下来，站起来，然后观察一棵绿植，你持反方观点——你创造了一种让人惊讶的效果，这可以打乱对方的阵脚。

25 个技巧，帮你把握主导权

虽然我们与他人的关系友好且稳定，但是仍然有一些小技巧可以影响他人。如何在人际关系中把握主导权利？在你需要的时候，如何获得他人的帮助？以下 25 个巧妙的方法可以帮助你不知不觉地掌控全场：

» 注意握手的方式（坚定有力，但不要太过）。面试、谈生意、追求爱情……一次简单的握手就能让你大获成功，或者一败涂地。（参看上一章节）

» 亲切地对待每一个人，无论他强势还是弱势。无论对方的社会地位如何，都表现得热情友善，这是成功的第一把钥匙。

» 尊重社会习俗、一般的社交礼仪，但是也要根据你经常结交的社会团体进行调整。例如，如果大家都以“你”相称，就不要以“您”相称，反之亦然。

» 当你第一次到某个地方，尽量低调一点。首先观察都有谁、谁在做什么、又和谁在一起、谁是最重要的人。

» 聆听一切。所有的信息，即使那些表面上看起来没什么意义的话，将来的某一天可能会有用（发表意见、做决策、扭转局面……）。

» 不要待在角落里。让自己被看到，利用接触、对话等方式吸引别人的注意力，让他们看到你。

» 用一种独特的方式，尽量融入一场交谈。避免平庸的话题（天气），可以聊一些时事新闻。

» 制造“挂钩”来接近人们，吸引注意力（例如：“我昨晚梦见你了，让我觉得很有趣呢。”），定期更换一下这个说法。

» 当你说话的时候，不要对着空气，而是去寻找人群中的目光，以吸引他们的注意力。

» 说话时，用嘴唇清晰地表达（嘴唇的动作也能吸引注意力）。并且，当我们吐字清晰时，我们的脸就会更具表现力和说服力。

» 始终表达清楚，确保谈话者看着你。我们说话的方式（语调、手势）对别人的影响是普通表达的两倍。

» 摆脱你的语言坏习惯，“我的意思是”“我呀，我是”“嗯……啊！”……他们不仅表现得缺乏自信，更重要的是，对方只听到了这些口头用语，而忽略了你真正表达的内容。

» 讲话途中短暂地沉默，与对方眼神交流，给他们留下时间记录。

» 讨论他人感兴趣的话题，同爱好时尚的人谈论最新潮流、和喜欢打游戏的人聊聊电子游戏、和父母谈论孩子……

» 即使在假意或谎言的情况下，你也要保持真诚的口吻。如果你觉得自己做不到，那就不要讲话。

» 不要每时每刻都假装而刻意地微笑。过度的热诚等于顺从。

» 在谈论中保持主动。当谈论变得对你或对其他人来说太尴尬时，转移注意力或者改变话题。

» 总是向别人表现出你的专注，比如点头，即使他们跟你说的并不是特别有趣或非常无聊。

» 在一个团体中，优先和你试图说服或吸引的人交谈，但不要忽视其他人。通过频繁地询问他们的意见，让他们参与到话题讨论中，即使你完全不在意他们的观点。

» 总是给出两个提议，首先介绍不那么有趣的一个。通过对比效果，第二个提议看上去总是更具有吸引力，并容易获得同意。

» 不要对挑衅做出反应。例如，不要通过反击来回应。面对过于刻薄的人身攻击，可以用冷漠或者干脆用自嘲来回应。

» 但永远不要拒绝反抗，即使你处于不利境况。可以要求对方对他的进攻给出相应的例子。

» 另一方面，学会推迟反抗，如果你没有足够精力应付眼前的状况，随便找个借口暂时躲开。由你决定反抗的时间和场合。

» 永远不要为自己辩护，尤其是当你面对指责，确实有错的时候。还不如睁大惊讶的双眼，这样别人可能会怀疑自己的看法，你也就获益于此。

» 在情感上保持距离，尤其是在情感勒索或最后通牒的情况下。

第3章　八个技巧让你获得一切

当人们想要从某人身上获取什么的时候，在不利用或者滥用我们可能对他的权利的情况下，有两种方法可以达到效果。一种是试图通过唤醒他的善良、他的情感或者他的理性来劝服他。这种方法偶尔有效，花费一些耐心，我们可以得到我们想要的。但是通常情况下，他会固执己见，只追求自己的快乐，不考虑其他，也就是不考虑你的需求，你的！

另一种方法在于挖掘人性的弱点。我们每个人都有一些缺陷，由于这些缺陷，我们更需要共同生活——我们首先是社会性的动物，而非出于个人心理原因。例如，我们的行为，哪怕是最小的行动，也参与了社会活动；我们希望自己做的每一个决定都免受质疑。社会心理学研究人员称之为“冻结效应”。我们坚持一开始选择的道路，即使它带来的烦恼多于满足。

我们坚持自己的选择，即使知道它们是有害的，损失大于收获。我们仍然继续坚持，是因为我们坚信自己的行为是自由的，而且，我们已经投入资源、时间、精力、金钱……

实际上，利用“依从诱导策略”——他人有遵循惯例的需求，有对权威、习俗的尊重，想要讨人喜爱，待人友好等——让他人能够接受我们的请求，而不产生什么抵触心理。通过唤起他人的理性、正义或情理，我们能够赢得时间和成果，而不必徒劳地战斗。而且，每个人都很高兴：你，因为得到了想要的东西；他人，因为“服从”了，却没有被约束和强迫的感觉，所以他也没有任何不快。

专业的操纵者非常了解，并且频繁地使用这些技巧：政治家、广告商、售货员等以下就是被大量使用的最常见的技巧。

1.“今天过得怎么样？”：铺垫技术

“你好，过得好吗？”“身体怎么样？”“周末还好吗？”……每天，我们都在使用各种各样的问候语，甚至自己完全没有意识到。通常，这些问候的答案都是这样的：“很好，谢谢”“特别棒”“特别好，谢谢”……

这些习惯性的话语可以改善我们的人际关系，它们体现了我们的善意，能让我们融洽地在一起工作和生活。

简单的礼仪是伪善吗？我们礼节性地提出的问候小句子，包括那些我们礼节性的回答，都具有很大的作用。它们不仅展示了良好的自我形象——因为如果我们不遵守这一社会礼节，则被认为没有礼貌——而且还可以操纵他人。

举个例子，问一个人他最近好吗，如果对方的答案是肯定的，你接着说："啊，那我很开心听到你这么说。"如果对方的回答是否定的，则说："哦，我很遗憾。"然后再提出你的要求，被告知"好的"的机会将成倍增加(25%，反之则为10%)。

不管是面对面，还是通过电话的方式，这条规则同样适用。很多研究都证明了这个方法的有效性，它也被称为铺垫技术。

不管怎样，当某人回答"很好"的时候，他会觉得必须呈现出"很好"的样子，因而也更乐意接受一个请求(在合理的范围里)。

2. 提出一个小请求，以获取更多：低球技术

"星期六的时候，你能花五分钟帮我拿几个东西吗？——额，好的。——太好了，我要给我妈妈搬家，把

整个公寓搬到乡下去。你来的时候不介意开那辆 4×4 的车吧？它后备厢更大些，这样我们可以少跑几趟。——额，不介意……”为了获得更多，我们要从一个小小的请求开始。这是著名的盎格鲁撒克逊的触发技术（low-ball：低球技术）。这个技术基于以下事实：一旦我们说了“是”，就很难说“不”了，即使我们同时意识到自己被作弄了。回想一下，有多少次，你走进一家商店就为了买一件打折的商品，但是却带着一件类似的商品离开——打折商品碰巧已经卖完了——你购买的那件价格更昂贵。

亚利桑那州大学的心理学家西奥迪尼指出，运用了低球技术后，56% 的人接受做他们本来完全不想做的事情，53% 的人确实做了；没有低球技术，只有 31% 的人接受了，24% 的人付诸了行动。

在商业领域，这一技巧被广泛使用。例如，人们用一个极具吸引力的价格，向我们推荐一款高级产品，一辆车，或者一次旅行，或者附带很多配件的产品，一个清洁机器人或者一个手电钻。但当你走进店铺，你会发现——你没有发现那些用很小的字体写的广告——上面标注的价格只是针对入门级产品，那些高级配置或者附件是需要额外收费的，但你仍然购买了！

只有上帝才知道我们的大脑到底怎么了，每次当我们决定购买时，就很难放弃这种想法，尽管我们并没有这个预算，尽管我们觉得自己上当受骗了。

3. 提出“大”的请求之前，先提出“小”的请求：登门槛技术

是否曾经有人在路上询问你时间之后，问你借一欧元、一张餐票或者一张地铁票？是否曾经有人请你填写问卷调查，在一份“公益”请愿书上签字，之后要求你更实质性地付出呢？

这是一个著名的电视导购和上门推销员常常使用的方法，其目的是在于第一时间“卷入”他人（老板、银行家、客户、孩子、伴侣……），他们在提出让对方非常难受的大的请求之前（这个请求很可能对方会本能地拒绝），会首先向对方提一个微不足道的小请求。

第一步开始时的现象，又称之为“卷入一系列事”，是由两位美国心理学家于1966年提出的。他们让人通过电话联系了一百多个人，询问他们是否愿意来他们家里做一份财产盘点。其中有一半的人三天前已经接到过一次电话，需要回答一份关于他们家使用肥皂的问卷调查。那些回答

了问卷调查（小的请求）的人，比起之前没有接到电话的人更多地接受了财产盘点这个请求（大的请求）。使用了登门槛技术[1]，76% 的人接受了某个请求，而一般情况下只有 16%。

此后，在一些大学校园里也做了其他的实验，证明这一方法对于说服他人改变其行为也十分有效。比如，我们要求一组学生一整天都不要抽烟，然后要求他几天都不要抽烟；对另外一组学生直接提出几天之内都不要抽烟。实验结果显示，第一组学生比第二组更倾向于几天之内都不抽烟。

换句话说，如果你想劝说你的小孩不要再玩电子游戏，不要再吸食印度大麻，你可以要求他从一点点做起（一天），而不是一次要求过多（每天）。

那些对别人有效的方法对你也同样适用。戒瘾，然后找到解决方法，这些总是从迈出第一步开始的。然后，你会感觉不得不继续……

我们做的任何一件事都会把我们卷入一系列的事情中，即使是那些微不足道的事情。你可能一直以为被路人询问时间，就不会被卷入了。你错了！给你证据：当有人想请

1. “登门槛技术”译作“得寸进尺技术”。

路人施舍一点钱的时候，如果这个请求不是直接挑明的话（他们会首先问一下时间），43% 的人会给钱，但如果是直接询问的话，只有 28% 的人会给钱。此外，被间接询问的路人平均会给得更多（0.37 欧，反之为 0.28 欧）。

音乐，大师！

大家都知道，音乐会直接影响消费习惯。大量的研究表明，它有舒缓作用（例如，古典音乐能降低咖啡馆、食堂……谈话的音量）和鼓励作用（例如，古典音乐和流行音乐，可以提高商店、餐厅或者市场的销售额）。但是，它仍然会影响我们的内心抉择。

最近，由尼古拉·盖冈主持的一项实验表明，浪漫音乐中的女性更加可能会说“好的”；在这种情况下，就涉及她是否会给陌生男孩自己的电话号码。然后，看看是否意气相投……是否喜欢他。

要知道，弗朗西斯·卡布雷尔的歌曲《我爱他，至死不渝》取得了巨大的成功，梵尚·德莱姆的《下午茶时间》则彻底失败。

资料来源：《音乐心理学》，2010 年

4. 请求过多，只为得到一点：留面子技术

“爸爸，能给我买个 PSP 吗？——不行，太贵了，而且家里已经有一个游戏机了。——好吧，那给我买一个《刺客信条》[1]吧。——唉，好吧……”

与登门槛技术相反，留面子技术[2]是先提出一个非常具有难度的请求，之后再提出我们真正想要的，但是代价小一点的请求。

利用这个技巧，50% 的人会接受这个请求，一般情况下只有 16.7%。很多研究都证实这个技巧极其有效。

举个例子，如果你想向一位汽车修理员或者一位朋友借车一天，你首先请求借一周的话，那么你会更容易借到车。再比如，如果你向老板要求大幅加薪，老板最后会给予你实物好处。

留面子技术基于互利原理，因为对方已经让步了（他提出了一个较易接受的请求），我觉得更有义务接受他的第二个请求。其他研究人员宁愿将之解释为愧疚感（我无

1.《刺客信条》(*Assassin's Creed*)，是由育碧蒙特利尔工作室于 2017 年研发的动作冒险类系列游戏。

2. 也译作“门面技术”“以退为进技术”。

法满足他的第一个要求，因此想要补偿他），如果被操纵的人和操纵者很亲近，他不想变成恶人，失去这份友谊，那么这种愧疚感更甚；对于某些人甚至更为严重，拒绝可能会给人一种反社会行为的印象，因此他们会感到紧张，通过接受第二个请求，可以减少这种紧张感。

无论如何，为了让其他人接受，第一个请求必须比第二个要困难得多，但要保持在同一主题之内。请求可以夸张，但既不能失礼，也不能不合时宜或者过于荒谬。要考虑的其他条件是，两个请求之间的间隔要尽量短暂（超过一天，就没有意义了），最好是面对面交流，而不是通过电话或者电子邮件的方式，更不要通过写信的途径。

5.“当然，如果你拒绝的话，我也完全理解”：自由错觉技术

当人们在提出请求的时候说“你有空做……”或者“按照你想的来做决定吧”“由你来决定吧”……人们听到回答“好的”的概率提高了四倍。这很矛盾，但当我们诱导出他的自由感的时候，能更易于将某物强加给某人。我们如此讨厌被拘束、被强迫，因而别人也很容易通过选择幻觉来操控我们。许多实验确实表明，唤起自由的选择权会

影响我们的选择。举一个例子，人们请求路人给一点钱来买公交车票。请求时直接这么讲：“请问能借一点钱给我坐公共汽车吗？”另一种则加一句：“你可以选择接受或拒绝。”结果是，在第二种情况下，愿意付钱的人数是第一种的四倍（40%，而非 10%），不仅如此，后者付出的平均金额几乎是前者的两倍（0.91 欧，相较于 0.49 欧）。

因此，这个技巧非常有效，而且面对面、打电话或者写信都适用。还有另外一项研究也证实了这一点。在网友上网时，如果将广告语“点击这里”简单地替换成“你可以选择点击这里”，可以显著提升该网页的点击量。

反之则相反。我们越是阻止对方做那些他认为好的事情，他越是要反抗。这就是著名的“心理逆反原则”，即我们的愿望越是受到压制，它们就越具有吸引力。当我们的选择受到或者看上去受到威胁时，那它们会变得更有价值。它是一切悲剧的动因，莎士比亚的作品《罗密欧与朱丽叶》无疑是最美丽的注解。想想吧，每次试图劝说某人放弃一件事的时候，比如，劝一个小孩不要玩火柴、劝一位少年少玩一会儿游戏、劝一个成年人不要闯红灯……比起通过威胁、禁止或者讹诈的方式，通过告知对方他有自由做……的表达方式，我们总是更容易成功！禁烟运动通常这样宣传“吸烟会导致慢性死亡以及痛苦”，但如果后面加上“但这一切由你自己选择”，这样的方式大概会更成功。

当我们让对方觉得我们帮了他一个忙，我们总是更容易从他身上获得某样东西。

6.“只是为了你”：“并不只是这些”技术

在某个节日期间，一间美国的学校进行了一次小小的实验，一位售货员提供了一些糕点。一种情况，他说：“糕点售价 75 美分，但可同时附赠两块饼干。”另一种情况，他首先以 75 美分的价格卖出了糕点，接着又给顾客赠送了两块饼干。结果，当我们分成两次提供糕点的时候，销售量几乎翻了一倍（72% 对 40%）。

其他的研究也证实了这一观点。当我们使用“并不只是这些”技术的时候，获得成功的概率高了一倍，有时候甚至高两倍。这是贪婪效应？相对应的是贪“小便宜”综合征，它通常导致我们花费比预期更多的钱。例如：订阅的前三个月是免费的，第一年是每月 15 欧元（至于接下来需要花多少钱，我们必须花很长时间才能在很小的字体中找到）；“节省 X 欧元”，但为了省这笔钱，你必须多花八倍的钱……或者，这是互利效应，你似乎做出了让步，那么对方也觉得必须轮到他让步了。无论如何，这个技巧成功了。在两性关系方面——“通常，我是不会被金发美女吸引的，但你与众不同”或者“你不像其他人，你有一些特别之处”——在私人或商业交易中也是如此——“这违反了我的所有原则（规则、价值观等），但是为了你，为了你，我要破例……”

换句话说，必须始终将他的请求当成“利益的客户”。例如，你向他人提出的请求可能并不具备互利性，他对你说“好的”，但这并不能给他带来什么。真是令人沮丧，他会感觉损失了什么，甚至感觉被捉弄了。或者，相反的，他可能会获得一点儿东西、一点好处。通过使你快乐，他自己获得了快乐，在他自己和在别人的眼里实现了价值，展现出他的慷慨、能力或者善意……

7.“就一勺”：“有总比没有好”技术

在童年时期，我们经常被这句话给骗了。一勺之后又一勺，最后你喝下的汤总是比想要的多。这个策略从未失败。实际上，大量的实验也证明，最开始只要求一点儿，通常会让我们获得更多，让他们打开自己钱包的人数几乎要多一倍（50% 对 28.6%）。

事实上，当风险低、代价小的时候，人们总是更愿意说“好的”。例如，如果价格不贵的话，我们总是更容易购买“新品”，一份新酸奶或新的清洁产品，万一失望，我们并没有损失太多。或者，如果没有必要雇用他人来替换你的职位，那么，你的老板会更容易提拔你。此外，当我们对一点点东西，或者几乎算不上什么的东西说“好的”的时候，我们总会尝试给更多。也许是因为既然都打开了钱包，总不好给一点点，显得吝啬（否则，这很伤我们的自尊心，也有损我们的形象）。因此，我们会给予更多，平均来说，大部分关于该主题的研究表明，给予的是最初要求的 15 倍。

这个技术同样适用于那些出于善意的要求，比如，让一个倔强的小孩吃饭，甚至当一个小孩想从父母那里要点儿钱，但如果将这个技术运用到成年人身上，为的是自己更自私的利益呢？它有点儿乞讨的感觉，看上去相当悲惨。实际上，这还要看具体情况。当自己处于或自认为处于优势地位时，最好使用留面子技术。反之，当处于较弱的地位时，甚至有点绝望的时候，如果我们觉得自己提的要求太过分，完全不可能成功或者收获很少的时候，“有总比没有好”

技术可能会出奇地有效。许多入侵，特别是爱情入侵，都是从这样开始的：我们请求一杯简单的饮料，就一顿晚餐、一张沙发，就一个架子、一个抽屉，最后我们就住了下来。

8.“你真是太美了！我觉得你漂亮极了！”：贴标签技术

就这样，乌鸦最终绝望地失去了它的奶酪。[1] 因为这不仅仅是简单的调情，贴标签在于请求别人帮忙之前，就给对方戴了顶高帽子。例如，人们在最开始的时候就告诉对方很特别，他会表现得更加慷慨。研究人员首先让学生通过一个虚假的关于慷慨的心理测验，然后要求他们提供服务，那些测验结果为“非常慷慨”的学生明显比其他学生表现得更乐于效劳（71%相对于50%）。

换句话说，我们不自觉地倾向于让自己的行为符合他人对自己的良好评价。反过来说，告诉一个学生他很愚蠢，没有什么比这件事更愚蠢了。但是显然为了有所收获，话题必须保持一致。例如，告诉别人你非常敬佩他的才智，但是接着要求他做一件慷慨的事情，这种贴标签是没用的。

1.“狐狸和乌鸦”的故事是古希腊著名寓言《伊索寓言》中的一篇，在法语版本中，乌鸦叼着的肉变成了奶酪。

还有，通常来说，社交标签（“你很善良、亲切……”）通常比行为标签（“你很聪明、理智……”）更有效。无论如何，为了获得他人最好的一面，你必须揣测他最好的一面，并将之告诉他们。这是一个伟大的教育和管理原则，值得我们应用到日常社交关系上。

作为总结，我们猜想，根据不同的谈话对象、力量关系、利害关系……将这些不同的技巧恰到好处地组合在一起，那么效果也许会更加明显。

第 4 章　专业地谈判

搭讪一人一夜欢愉，寻一人与你共度一生；送一辆车，在帕拉瓦斯海滩和巴哈马群岛度两周假；或者签订一份合同，获得职位晋升，涨工资；每周三拥有自由时间；读一本新的电子书；报名参加一项为期三个月的多媒体培训课程……

有时候，带着一点魅力和灿烂的笑容就已经胜券在握。但是通常情况下，我们像发疯了一样争斗着，为了挣更多的钱，获得更多空闲时间或者好处，为了小小的帮忙或是巨大的利益。这一切慌乱都是因为我们匆匆上阵，出了问题只能盲目地修修补补。

反之，专业的营销推广和谈判、精心设计的策略及其毋庸置疑的效能能够影响他人的选择，可以说服他人走向收银台。将这些技巧运用到你的上司、银行家、妻子或者丈夫身上，可能不会立马有效，但是不管怎样，有效的次数会增加。

评估请求

当我们对他人有所求的时候，首先要站在对方的立场上，考虑一下这个请求于他而言意味着什么。

你的请求需要对方帮很多忙，还是一点点？你的要求对他有什么价值？为什么他会愿意帮你这个忙？

你的请求需要对方帮多少忙？

这取决于你的请求需要对方承担怎样的风险水平。这种卷入并不同于“过一夜”还是“过一生”这样的选择。同意吃一顿饭总是比同意共度整个周末要容易一些。比起陪你去很远的地方、陪你去马路上转转会更容易实现。或者，如果你的老板没有必要雇用其他人来代替你，他会更容易给你升职，他也更可能额外给你一笔费用，而不是给你加很多工资。

这也是一个金钱的问题：没钱的话，在决定买两张机票去威尼斯的时候，他纠结了两次。也是一个约束问题：对方对你说“好的”可能会让他生活变得更加复杂，并且会带来一些麻烦。

在对方眼里有什么意义？

只是顺手吗？他帮你一个忙，他让你很开心，但这不具备互利性，世上不存在服徭役，对方没有义务帮你：毫无回报的帮助。另一种情况，对方可以从中获利，或者希望从中获利。通过帮助你，对方可以提升自我形象。举个例子，于对方而言，比起为你支付罚单，为你购买内衣显然更具诱惑力。或者，他在等待你的回报。你的男朋友给你付了罚单，但是好吧，你会因此对他更好一点。或者你的老板给你涨工资了，你会因此双倍地投入到你的工作中。

有时候令人沮丧：他感觉损失了什么，浪费了他的时间、精力，他有时候会觉得自己受到了欺骗。但有时候，却大有益处。他在你面前，在自己或者其他人眼里，展示了自己的才华、慷慨、权威、友善，或者友谊……

为什么别人要特意帮你这个忙呢？

换句话说，你和别人有什么不同？你是更有能力、更有市场竞争力，还是工作更加出色、更加热情……如果你有独特之处，事情总会变得容易些。如果你的工作比大家出色 30%，那你的老板会更认真地倾听你的意见。如果你总是带着微笑，如果他的竞争对手正准备挖你墙角，等等。一个男人也会优先帮助他命中注定的女人，而不是那些露水情人。

选择最佳时机

寻求帮助既不能不管时间，也不能不顾地点。不管怎样，不要在对方匆忙路过的时候提出。此刻，对方并没有真正听进去，他说了“好的”，但是15秒钟之后，他就完全忘了。实际上，你要的东西越发难以得到，越是难以开口，你就越是要小心时机，等待各方条件达到最佳。

» 你的“对象”必须有空闲，此刻心情和状态都很好。如果他前一天晚上没有睡好，如果他快要生气了，处于紧急状况，或者很饿了（先让他吃饱饭），那都不是最好时机。

» 保证处于安静的环境。如果你们处于人群嘈杂的饭馆，隔壁的街道上养路工人正拿着锤子、榔头在维护地面，最好不要尝试提出请求。当人们需要费一点精力来听你讲话的时候，人们一般不太会说“好的”。

» 让你的“目标”舒适：用一把靠背椅或一张沙发来招待对方，而不是一把坐得屁股疼的椅子，调节适宜的温度（客流涌动的商铺总是注重室内温度，不论夏季还是冬季，都给客户舒适的体验）。此外，大量的研究表明，我们周围环境的身体触感会直接影响我们对他人的认知。

» 总是以“给予”开始，一杯咖啡、一杯酒或者一个吻，以创造互利氛围。当他人表示出“友善”的时候，我们总是很难对他表示拒绝。特别是当我们感觉很亲近、不想失去这份友谊或者爱情的时候。

给“爱情谈判”一个建议：避免欢愉之后在枕边提出请求。此时此刻，意乱情迷，一个男人会答应对方所有的要求，但一旦清醒过来，他就会回到现实。

谈判成功的9个步骤

成功的谈判（你获得你想要的主要东西）需经过一定的步骤，在开始谈判之前，你可以仔细斟酌。

1. 确定最大目标和最小目标

一名优秀的销售员通常会问两个问题：“我应该尽量达到怎样的具体的目标”和“我是否能够确定目标达成”，然后规划行动余地。通过设定一个高的假定目标（乐观）和低的假定目标（悲观），你可以在谈判过程中进行目标调整。客户或老板今天可以对你说“不行”，明天也可能对你说“好的”，只要谈判持续开放。如果你这么开头：“我希望提高 20%，要么接受，要么放弃……”或者：“你给个准话，要么就今天，否则就别说了！”如果你这么询问，那对方将很难拒绝你的要求或转移话题：“也许明天？”

2. 相信成功

当你想要什么的时候，必须真的想要。如果在你内心深处，无法相信你的权利、你的价值（这只是一个微弱的愿望、一次心血来潮，之后你会怀疑是否能成功，等等）、你产品的优势，或者你根本不相信你的客户或者老板会说“好的”，那你也没有必要去尝试了。成功的一条法则，就是不要想着失败。否则，在你遇到了第一个困难之后，怀疑就会慢慢滋生（“这我早就知道了”，言下之意就是“他觉得我一无是处，不够热情友善……”）。

3. 想一想对方是否有权说“好的”

如果对面与你交谈的人没有决策权，那你就要多费一些时间。你的老板可能有充足的资金做出决定，但是他没有这个自由。他想答应你的所求，但是他也必须考虑他的合伙人。他想助力你的事业，但是他还没有准备好和你“联姻”。或者，相反的，他的行动余力受限（他不能单独做决定，他没有那么多的资金，等等），但是，他心动了，他被说服了，他认为确实需要你。在这种情况下，成功只是时间问题。你应该给他一点时间（用来说服其他人，给出解决方案……）。耐心是作为一个优秀谈判者的首要素质。

4. 让人扮演“推荐人”的角色

像你一样，你的“目标”也是易受影响的。他有自己的谋士（不一定是智囊），他尊重并信任他们的判断力。你必须找到他们，通过与他们建立友谊来利用他们。好好结交（也不要太过分）他最好的朋友、他的母亲、姐姐、保姆（尤其当他们情同母子时）、他的老板、合伙人……如果你仔细“打点”了那些能够影响他决策的所有的人，那你已经成功了一半。他们很乐意为你说好话。

5. 站在对方的角度考虑

说服，就是传达一个消息。既然如此，你的谈论对象必须保证良好状态。试着站在对方的立场考虑，他是否心情愉悦？他有信心吗？想想什么可能激起他的兴趣。对他的想法表示赞同，尽管你想要带他往你的思路走。不管怎样，你必须理解他的思维模式、他的决策特点。如果显而易见，他前一天晚上并没有休息好、如果他正要发火，或者在紧急情况下，那此刻就不是好的时机，等他精神上准备好了再说。最好的时机：早上，在面对整天要处理的一堆问题之前，或者晚上（喝着酒），等他处理好一切问题之后。避免星期一（一周的开始对每个人而言都不太容易）或者路上碰面的时候（最好预约）。

6. 在敏感弦上演奏

做那些让我们开心的事情显然要容易得多。一个好的销售人员知道找到那根敏感弦，并让它震动起来。指望理智或者逻辑是没有用的，还不如在对方的情感需求上做文章：生存（财务上）、不犯错误、被爱、被欣赏、被尊重、有自信。比如，你感觉到他很焦虑（“我不知道这会变成什么样”），你应该首先安慰他（“我们可以先尝试一下”）。

7. 把你的需求当作“利益的客户”

这一原则就是要把你的需求与对方的自身利益联系在一起。他肯定会更开放、更专注、更能够倾听你的需求，他也许会同意你的请求。因此，避免说“我，我，我”，而是把他的利益放在前面。举个例子，如果你想跟你的老板提出涨工资，不要说“我值得”，你过往的工作表现已经过去了。试着这么说“我会比以往努力三倍”，这样你就给他保证了未来。或者，当你想要一个宝宝，不要说“我真的特别喜欢”“我一直想当一个妈妈”，等等。试着说：“我敢肯定，宝宝一定跟你一样帅气”“你可以少交很多税”，等等。

8. 获得肯定的答复“好的”

这就是见证结果的时候，通常我们不敢面对，我们害怕遭遇失败，害怕被拒绝。如果你的老板很少对你说“好的”，那是因为你询问的方式不对，或者你没有经常询问他。“问吧，他会给你的。”耶稣这么说。但是耶稣没有告诉我们怎么才能得到那个肯定的回复。要想征得同意，或者获得一个承诺，总是应该避免这类固执的提问：“我们很快就结婚了，是不是？”“你到底签不签这份订单？”“你到底给不给我尽快涨工资？”……“不行！”

» 运用这类可供选择的问句：“你想要一个盛大的婚礼，还是简单地邀请几个亲友就好？”“我涨工资的事情，你怎么看呢，待遇提高 20% 还是说给额外的福利呢？”对方的答案会给你一个方向。即使对方的答案是负面的，也称不上是明确的拒绝。

» 作出假设。你的请求（特别是当它有强烈的暗示的时候）在对方看来代表着变化、风险或者让他感到不舒服。采用假设性的问句（“如果今晚我们一起过夜的话，是去你家，还是来我家呢？”“如果我们有个小孩的话，你打算怎么准备他的房间呢？”“如果三个月内，我继续取得同样的结果，你们能重新考虑一下我的薪资吗？”“如果马尚离开的话，你觉得我可能代替他的职位吗？”），你向他传达了一种心理意象，可以轻柔地引导他接受变化。

9. 预防被拒

你已经完成了所有的任务，但是在最后一刻，你的谈话对象仍然反对，这是正常的。现状总是比改变更让人舒服。你的计划不可避免地会有缺点。你必须预测可能出现的拒绝，不管是情感上的还是逻辑上的，以便能够从容应对，避免陷入僵局。然而，同时不要挑衅他们。你不必上赶着找打。反对意见（特别是在最后一刻提出），通常也是一个信号，暗示你的谈话对象准备“签署”了，他只是需要你临门一脚，来让他说出“好的”。

第5章 改善人际关系

一次失败的面试或者会谈，也就意味着别人没有记住你的意见和观点。即便你说了很多话，也相当于什么都没说。过一段时间，没有人知道你说了什么。你忘记了自己的目标，面试官想知道你到底来做什么。更糟糕的是，你可能会增加别人对你的误会和不理解，使状况恶化。为了改善关系，善用言语的专业人员会使用五种技术，如有必要，还需要学会拐弯抹角。

交谈的五种技术

1. 学会倾听

我们相信每个人都知道倾听，然而，大量研究表明，大部分人只听到了别人对他们说的25%。随着交流的增加，信息过量出现（例如，我们平均每天受到800~1000条广告信息的轰炸），习惯不时更换频道，以及压力增加，这些使我们越来越难以集中精力。结果就是，许多日常的“误解”破坏了沟通和人际关系。我们大多数的误会和不理解归因于一个事实，那就是我们没有良好地接收和记录信息。与其说我们在听别人讲话，不如说我们在听从自己头脑中飘过去的信息。实际上，我们的意识本能地发生偏移，因为我们听的速度比我们说话的速度要快三到十倍。

不要错过任何东西，至少不要错过主要内容，前提是做到以下三件事情。

首先，只需这样做，只要有人对我们讲话，就停止工作，不要胡思乱想，不要焦躁不安地打字。一个技巧是将身体面向谈话对象。当我们有意识地使自己处于聆听的姿态，意识和注意力会自动跟随。

其次，根据你听到的内容，不断向自己提问：主要观点是什么？这些信息对我的工作有什么影响？对方希望从我这里得到什么？我应该问他什么？

最后，用自己的话重复别人所说的。例如：“就像你刚刚说的……”“实际上，如果我没有理解错的话……”这就是我们之前提过的变色龙效应的力量（第1章）。

2. 不要轻信一切

生活就是如此，如果别人对我们很友善，我们就坚信他对我们说的一切。反之，如果我们觉得对方让人反感，甚至厌恶，我们就对他有偏见。

因此，与其说我们真正地听他们说了什么，不如说我们常常在评估他们说的话，并且当我们对他说的话不感兴趣，或者当他这个人有点让人讨厌的时候，我们就听得断断续续的（我们只用一只耳朵在听）。

怎么才能用双耳倾听呢？把你的偏见放在一边，不管是正面的还是负面的。不管是你觉得有趣的话题或者是一条微不足道的消息，这都可能包含一条真正的信息。让自己专注于本质："为什么他 / 她要跟我说这些，他 / 她到底想说什么？"如果有疑问就提出来，以便能完全理解对方的关键信息，以及对方的真正用意。

3. 模仿对方的态度

这被称为"镜子技巧"，当对方否决你的意见，或当某人试图让你掏钱的情况下尤其奏效。通过来回问答，快速交锋，你就不会留下把柄。对方也稳不住了，要么他要求你解释，然后你就可以解释这些事情；要么他跑到别处去，寻找一个更殷勤的听众。

原则：首先表现出善意，只要对方合作，我们就合作。当对方不遵守规则，或者不再遵守的时候，我们也要懂得反击：以眼还眼，以牙还牙，过于强烈的反击可能会造成矛盾升级，但是也不要软弱，否则别人会觉得任何事情都是被允许的。这个技巧已经证明了其自身的价值。事实上，它经常用于国际外交或者贸易谈判中。

4. 用疑问句来回答对方的问题

这个问题我们前面已经提到过，但它值得再提一次。它有双重好处：一方面你可以避免回答不到点子上（你根本没有听）或者回答不出来（你没有答案），你保留了自己的神秘感（假设大家都知道这一点），你不给人留话柄；另一方面，你可以了解到对方以及对方的需求、愿望和目的。这是一种古老的手段，心理学家常用来与对方保持距离，政治家用来明哲保身。但是，最好使用开放性的疑问句："为什么你要这么说呢？""你现在打算怎么做呢？""你希望我怎么做呢？"而不是封闭式的问题："我是不是很快就可以买 PS4 了？""我们到底走不走？"这会导致对话陷入僵局。因为这样一来，对方只能回答"好的"或者"不行”，或者“事情就是如此”，言下之意就是“绝无可能，要么接受，要么放弃”。

5. 尊重停顿时间

在一次谈话中或者面试时，有高潮有低谷，有重要的信息，也有背景的嘈杂声。当人们聊兴正浓，来回快速问答的时候，交谈是混乱的。我们分不清哪些是主要信息，哪些是次要信息，因此需要停顿一下。比如，直视对方的眼睛以间隔开讨论的重要时刻（一个想法、论点、疑问、回答……之后）。或者保持沉默，让对方有时间去思考这个想法、论点和问题。这有一定的风险，例如，如果他不回答问题，显然他“沉浸”在自己的这种沉默里（一阵尴尬的冷场）。在这种情况下，用另一个不那么私人的问题或开玩笑的方式来转移话题，活跃局面。

学会拐弯抹角

“橡树的语言”这个表达方式起源于俄罗斯，用于大革命之前，表示沙皇的官僚主义，“木头的语言”[1]一般是政治家、企业主、官僚和通讯员的话语基础。

实际上，说服的语言基础，我们曾经在修辞课上学过（口头表达的艺术）。如今，这是国立行政学院毕业、身居要职的官员以及其他不成熟的决策者们吮吸的养分。这是亚里士多德和西塞罗使用过的一系列古老的语言技巧之一。它历史悠久，你可能会认为我们对它已经免疫了，但它到今天仍然奏效。

要隐藏让人不愉快的事实，避免回答尴尬的问题或隐瞒不可告人的目的，没有什么比这个技巧更好的了。总之，这是操纵或者反操纵的基础知识。

以下 18 个方法可以在不经意间掩盖真实的一面，以便我们隐藏那些让人不愉快的事实，隐瞒不可告人的目的，或者不费力气地说服他人。

» 明确论点：“这是真的……”“确实可以说……”“我

---

1. Langue de bois，木头的语言，指避免把事情说得很清楚，也就是转弯抹角，通过用各种措辞来回避事实。最初的表达是“langue de chêne”，表示橡树的语言，形容俄罗斯的沙皇官僚主义，他们日常极其低下的行政效率以及刻薄严厉的样子让人想到橡树的形象。

们可以看到……”“如你所见……”这让那些微不足道、极其平庸的论点变得有说服力，表面看充满了客观性和所谓的真实性，即使事实并非如此。

» 或者以这样的句子开头：“我知道……”“我相信……”“我觉得……”，等等。这样，你可以误导对方。例如：“我知道大家都是专业人士。”这证明不了任何事情，跟你没任何关系，但你看起来却很真诚。

» 使用被动句来减轻责任：“我们的资料介绍得很糟糕”，而不是“我们没有介绍好这些资料”。换句话说，这跟你没什么关系，但你怀疑其他人没有做好自己的工作。

» 参考之前被提及过的话语：“就像你自己说的……”“如你所建议的那样……”“曾经有人说过……”除非你的谈话对象记忆力惊人（“哦，什么时候？”）这播下了怀疑的种子，你可以用它来推进你的发言。

» 援引现成的句子：“我们可以通过这个角度来思考一下……”“未来会告诉我们答案”“日子可不好过”……这些语句没有什么实际意义，更像是废话，而非有效信息，但却可以混淆视听，迷惑对方，尤其是在出现明显分歧的情况下。

» 多用老生常谈：“至善者，善之敌”“不可以貌取人”，

“鱼和熊掌不可兼得”……当你不知道应该说些什么或不想说什么的时候、保持含糊不清时，这是理想的选择。

» 使用给人强烈印象的语言：“这可是一桩类似‘9·11’的外交事件！”“情感化的色情文章”“真正概念上的海啸”……它们抵消了所有批判性意见，也许还可抵消你可能面对的所有指责。

» 使用同义叠用：“未来的计划”“需要抓住的机会”“潜在的危险”……这会给人一种可信服的力量，即使事实并非如此，尤其在没有计划、没有项目或者没有方法的情况下非常实用。

» 使用一些很少使用或浮夸的词语：“expressis verbis”[1]“范式”“颠覆性的想法”……它给人一种你很专业的感觉，大多数情况下，会让你的谈话对象很惊讶。

» 如果你不了解这些专业术语，那就自己创造吧（不规范的词语）：“勇气”“暴躁”“解决方案”“影响”“复杂化”[2]……如果你遭到批评，请坚持，因为这是新概念！

» 使用神奇的公式：“调动效能潜力”“具有优化的

---

1. 拉丁文，表示明文，用确切的词句。

2. 以上单词分别为 bravitude, rilance, solutionner, impacter, décomplexifier，皆不是标准法语，均为作者创造。

重大可能性”“具有灵活性和保障性”……让新入门的人感到眼花缭乱，至少可以动摇他们的想法，认为你具有超前意识，这切断了任何真正讨论的机会。

» 在一点法语中混杂许多英文：Tea Party（倾茶事件[1]）是媒体常用的buzz word（时髦语），特别是在法国mid term的选举（中期选举）上；另一方面，莎拉·佩林[2]也不是一个Tea Party的“Mama grizzly”[3]，这样显得你很“in”（时髦），给人一种你置身于国际化浪潮中，能同国际事务打交道的印象。

» 多使用矛盾词（将两个具有矛盾意义的词结合在一

1. 1773年12月16日发生的波士顿倾茶事件（Boston Tea Party）是一场由波士顿“自由之子”（Sons of Liberty）所领导的政治示威事件。示威者们乔装成印第安人的模样潜入商船，将东印度公司运来的一整船茶叶倾入波士顿湾，以此反抗英国国会于1773年颁布的《茶税法》。

2. 萨拉·路易丝·希思·佩林（Sarah Heath Palin，1964—），美国记者、政治人物，美国共和党籍，生于爱达荷州桑德波因特，曾任阿拉斯加州州长。

3. Mama grizzly，是美国前副总统候选人萨拉·佩林（Sarah Palin）创造的一个词，指的是她自己，此词自此被应用于她在2010年美国中期选举中支持或认可的女性候选人身上。

起）：“负增长”“悄然中断”“连续性的变化”……这些话让人觉得发言的人很有自信，有能力掌握和克服所有矛盾。

» 使用首语重复法（一段话中，每个句子的开头都使用同样的单词）：“我，共和国的总统，兼任……”就像所有的咒语一样，它非常具有催眠效果。

» 总是回答“好的”，即使是那些最荒谬的想法或提议：但是暗中起破坏作用，并证明在你提出神奇解决方案之前，其他的都行不通。

» 当你不得不宣布一个坏消息时，让别人说出事实：“在目前的情况下，我们没有赢得这项预算也许是一件好事。谁知道我们是否会得到报酬？”这是一个古老的观点——“塞翁失马，焉知非福”，它总是有效的，可能是因为它是积极的，能给人希望。

» 承认错误，为自己辩护：“当然，你可能会责备我……”“确实，我非圣贤……”通过自己带头，你可以消除可能的异议。此外，以坦白的形式论述，总是会得到宽恕（承认过错，就原谅了一半）。

» 当你并非全然无辜的时候，如果你的谈话对象表示怀疑（怀疑地看着你，双臂交叉，退后一步……），立即推进他可能会怀疑的事情，以消除负面影响："我不想强迫你……""真相是，我撒谎了！""好吧，我承认！"

安抚他人的情绪

太多的压力、沮丧，你肯定会变得脆弱。你实际上是没有能力区分谁对你好谁对你不好，哪个是好的方案哪个会是门苦差事。你神经太过紧张，或者太过消沉，因此不能给出良好的反应或者作出正确的决定。有一个减轻压力、把它控制在可接受的范围内的小技巧：把你的手机桌面设置成能让你安心的照片（你的狗，你的母亲……）。英国研究人员已经在一群羊身上测试了这一方法！首先，他们把一只母羊和它的小伙伴分开，以增加它的压力。然后他们给它看了羊群里其他羊的照片。最后，这看起来似乎令人惊讶，这只羊很快就平静下来了。

如何制胜

中国有句俗话，众神为了补偿人类肉体凡胎，于是给了他们一本策略书。今天，这本书已经成为这方面的圣经，它就是《孙子兵法三十六计》，据说辑录于明朝时期（1366—1610）。

作为毛泽东的床头书，他从中汲取一部分策略，这些策略在人民解放军中广为流传。这本关于如何打败对手的谋略书，随着时间的推移，变成了一部经典作品。亚洲和西方的所有高级马基雅维利者都在利用它来征服思想、市场和女性。

在这本书里，我们可以找到各种各样打败他人的谋略和技巧，比如：笑里藏刀、瞒天过海、隔岸观火、假痴不癫、欲擒故纵……

三十六计，“走为上策”，这一条计策特别适用于形势对自己极为不利的时候、中国人称之为“必败之战”的时候。所以，骄兵必败，不要高估自己的能力。在某些情况下，我们无能为力，很多人我们也没办法劝服。这种情况下，还是走为上策。

第 6 章　任何情况下都占据上风

为什么有些人没有实权却可以占据上风？我们可以看到有些小孩能支配自己的父母，合作伙伴可以掌控老板，默默无闻的人变成引导者。无疑，身高确实是一个原因。当我们身高 1.9 米而不是 1.65 米的时候，当我们拥有雄浑的嗓音而不是纤弱的嗓音的时候，当我们外形棱角分明而不是模糊柔和的时候，我们更容易占据优势地位。研究证明，一个人身材越是健硕，脸越是对称，别人越是觉得他具有支配能力，越是倾向于信任他。有研究人员甚至指出，基于面部的快速判断可以准确预测真实选举的结果。

然而，除了外貌特征，举止、神态、坦率的目光，以及真诚的微笑，也会让情形变得不一样。

如何在与他人相处时占据上风呢？重要的并不是你将获得什么样的报酬，而是将取得什么样的成效，涉及如何处事、如何表达自我的问题。

让自己成为一个礼物

俗话说，贷款只贷给富人。在我们的人际关系中事实就是如此：我们越是有自信，别人越对我们有信心。

这很正常。如果你作为一个很了解自己的人，都觉得自己一无是处，毫无情趣，为什么你想要其他人觉得你很有吸引力、很热情呢？如果你不认为自己是一份礼物，那毫无疑问，别人也没有理由把你当作礼物。

受人喜爱，有威信，受人尊敬，靠的是什么？首先就取决于你对自己的评价。然后，取决于每个人的性格力量（通过卑躬屈膝，或者藐视他人，是不能够赢得尊重的）。让别人尊重你并不难。它不要求你零缺陷，也不代表你绝对不能犯错，更不需要你让他人恐惧（还是需要一点点威严）：简单地说，你必须认为自己值得关注、值得尊敬、值得器重。最重要的是，即使当你的关注度并不是最高的时候，或者你身体状态不是最佳的时候，行事也要始终如一（当你虚弱的时候，要面对一只猛兽，不要硬撑着进入他的笼子里，换一天决斗吧）。

要相信自己，尤其要展示出更强的自己，即使自己心里没底。此外，它也代表着一种良好的心理状态（如果你意志消沉，就做不好任何事情）。

然后，就像达尔文说的，“无知比知识更容易让人产生自信”。我们的信念，尽管是虚幻的，也具有广泛适用性。谁获得了这个职位？是一个自认为一无是处的天才，还是一个自认为无所不能的笨蛋？环顾四周就知道答案了，或者看看我们的领导，是那些平庸的人成为支配者。

换个名字？

一位澳大利亚学者表示，男性的名字如果其元音发音靠前或者发音短促，比如阿蒂尔或者马克，比起那些名字中元音发音靠后或者发音较长的人来说，比如，路易或者洛朗，更容易受人喜爱。对于女性的名字而言，这位学者发现其效果正好相反。名字丰满更让人喜欢：路易丝比卡特琳更具有吸引力，夏洛特比马尔戈更讨人喜欢……但是，其他学者补充道：外貌完美的人会获得所有人的支持，即使她或他的名字叫热尔梅娜或者阿道夫。

资料来源：认知科学学会第26届年会，芝加哥，伊利诺伊州，2004年

此后，其他研究同样表示，名字更好发音的人在生活中更讨人喜欢，特别是在职业生活中。叫伊达尔戈比叫科希邱什科·莫里泽好，叫瓦尔斯比沃尔斯更好一些。

资料来源：《实验社会心理学杂志》，2012年

不要让人注意到你的弱点

如果你有一点胯宽腿粗，不要对跟你搭讪的牛仔说："在我家里会存储一些长筒袜。"那他很快就会发现你的弱点，通常情况下他是不会发现的。当某人很喜欢你的时候，他既看不到你的性格弱点，也看不到你的身材缺陷，除非你自己拿着放大镜把它说出来。也不要对你的伴侣这么说："你是没机会看到我以前的胸部了，我的前男友看到都跟疯了一样！"他肯定会想："太遗憾了，我 18 岁的时候没有碰到她，现在已经是二手了。"

让别人注意你曾经的或者现在的缺陷、弱点，你就给人一种没必要或者不值得为你拼尽全力的感觉。相反，如果你把自己当作一个礼物，当你只展现你完美的一面的时候，别人就会为你竭尽全力。他们会尽其所能不让你失望。当你询问你的爱人能不能牺牲他的午餐时间，去帮你买家乐福里那个"便宜的盒子"，因为你自己没有时间去买，这个时候他不会拒绝你的。周末，你的前夫不会花几个小时来请求接走孩子，因为你的爱人（去家乐福的那个）给你准备了一个周末惊喜。

清除关于自己的负面信息

每天我们都遭受到负面信息的轰炸，生活就是如此。孩子们，你们曾经受到来自父母和家庭的负面评价。你的妈妈说："真是受不了你了，我再也不想看见你了。"你的哥哥当你面摔门："让我安静一下，你还太小了。"成年人，你同所有人一样，忍受着批评和指责。你的老板说："你还没有做上次会议的报告。"你的爱人说："你就穿成这样出门？"所有这些信息都是负面的，不管现在还是过去的，你都会因为他人对你的或好或坏的言论，影响你的思想和行为。你把它们当成你的行动指令，你需要尽可能完整地列举一个清单："我应该……/我不应该……""我必须……/我不能……""我不得不……/我必须得……"清单列完之后，用我"能"代替我"应该"，用我"可以"代替我"必须"，用我"决定"代替我"不得不"。接着，你可以做一个筛选。保留那些符合你自身价值、信念、对你个人评价有好处的事情，放弃其他的事情。通过删除这些负面信息，你可以避免被他人操控。你的上司不再会试着强迫你去陪客户吃晚餐应酬，之前他会奉承你说："这不是为了公司利益，是因为有你陪着我们，我们会感觉特别自在。"你的妈妈也不会再试图让你产生负罪感："你要知道，你都这个年龄了，你还单着呢。”她这么说目的就是让你找到一个好的伴侣，以保证老年无忧。

让人看重你的贡献

我们知道，介绍一件事情的方式，在心理学上称为“定位”，这可以改变一切。美国的神经学家让志愿者们大口喝下一种很难喝的饮料，并边喝边让他们对一些人说，这是一种很好喝的饮料，对另外一些人说，这个饮料不怎么样。结果，第一批人觉得饮料还能接受，后者就觉得它极其恶臭！

因此，不要在你交作业的时候说“我尽力了”，而说“估计很难做到更好了”！当你端上花椰菜的时候，不要这么介绍它：“我想我今天搞糟了。”“今天的花椰菜没有往常做得好。”或者，也别隐晦地贬低：“我妈妈今天用奶油调味酱焗的花椰菜，有别样的风味。”你的伴侣会想，幸好他娶的不是你的母亲。你的宾客会觉得自己弄错了地址。同样的，当有人称赞你的时候：“天啊！你今天穿得好漂亮！”不要回答说：“唉，这很便宜的。”尽管（特别是）你是在塔蒂[1]买的衣服，或者，如果你在阿玛尼

1. Tati，法国廉价服装超市。

买到破产，也不要说："天啊！我头一热就买了。我再也不这样了。"你贬低自己，就是贬低别人。你向他人传递了一个负面信息，它隐含这样的意思："你跟我一样，很愚蠢地选择了一个没什么用处的玩意儿。"你无意间就告诉别人，你不想被认可，别人对你的喜爱和信任都是个错误。你赶走了周围的人。相反，如果把自己当成一个礼物，那就肯定了那些无论从远处，或者从周围向你靠近的一切事物的价值。你就传递了一个正面的信息："你非常具有洞察力地发现了我。"相信自己的价值，别人也会跟着相信你。他们会更专注地听你讲话，更认真地对待你。在晚宴上，你要做的事情要少得多，这样你的邻居会更专注于你对他们讲的关于库斯图里卡[1]的信息，而不是关心你的神奇文胸[2]。或者，当你需要传达一个重要的工作信息和想法的时候，你必须表现得更可信，更值得让人称赞。当你提出要求的时候，要求涨工资、升职、生小孩、援助，或者

1. 可能为埃米尔·库斯图里卡（Emir Kusturica），1954 年 11 月 24 日出生于南斯拉夫萨拉热窝，南斯拉夫导演、编剧、演员、作家、音乐家，是"无烟地带"乐队贝斯手，戛纳双金棕榈俱乐部成员。

2. Wonderbra，神奇文胸，全球最著名的内衣品牌之一。

只是希望自己安静半小时的时候，你就会更容易、更快速地获得成功。尊重自己，别人才会尊重你。每次当你做了件蠢事之后，你的伴侣才不会长年累月地唠唠叨叨：“你看，我早跟你说了吧！”当你的老板想要找你谈话的时候，他也会亲自移步找你，而不是直接对着办公室大声吼你。

经常曝光

大家知道，我们越是经常看见一个人或者某样东西（一件消耗品、一个旅游景点……），我们越是会觉得他热情友善，我们越是容易爱上他，尽管最开始的时候，我们并不觉得他有特别的吸引力。

美国心理学家罗伯特·扎荣茨通过一个小小的实验证实了这一点，同时，他也因对于蟑螂的研究而闻名（就像人类一样，它们会受到群体的刺激）。他向实验对象展示了七个字母的无意义的单词（iktitaf，kadirga…）并告诉他们这些词源于土耳其。单词曝光的频次从0到25次不等，之后，我们问被测者这个词属于褒义词、中性词或贬义词。

结果：我们越是频繁地展示一个词，我们就越是认为它是褒义词。他重复了几次这类实验，利用了不同的刺激物，如照片或者其他的刺激，都呈现出同样的效果。此外，出现的时间长短并没有太大影响；当不熟悉这个刺激物的时候，效果更加明显；最重要的是出现的次数。

因此，足球场或者城市里出现的广告灯牌每30秒更换一次广告。因此，电影、短片或者电视剧里要隐藏广告。例如，1980年，广告客户花费100万美元，购买了一个ET吃着巧克力的广告位，电影发行后，其销量猛增了65%。

因此，媒体炒作是有效的：那些原本我们不太需要的产品，或者不喜欢的人，最后我们都会被他们吸引。

穿深色衣服，再搭配一抹红色

这个实验让人很困惑：研究人员要求一百多位面试官根据应聘者的穿着判定他们的候选资格。结果：应聘者无论男女，他们穿的服装颜色越深，越是被认为具有专业能力和才华。再搭配一点红色，会带来心理上的优势。英国学者指出，运动员穿红色服装获胜的概率是其他人的四倍（参见第2章）。反之，面试、考试或者介绍资料的那一天，最好把红色的裙子放进衣柜吧，因为如果你想在职业上取得优异的成绩，红色会让人分心。

低声讲话

在自然界中，统治者拥有低沉的嗓音。人类也是如此。我们的声音越低沉，就显得越发可信，也会激发自信，反之亦然。如果你嗓音较高，如何让它“低沉”呢？诀窍是轻声说话，身体向前倾，收腹，音调往下压。像电影《教父》中的白兰度或帕西诺一样轻声说话。通过强迫他人倾听，你可以消除异议。专注于倾听，别人就没有精力再批评指责了。同时，调整你的声音。当你要确认、说服和传达你的决定时，请提高音量。当你想要提出建议或者安慰他人时，请降低音量并减慢语速。要想震动对方的敏感弦，表现得更热情些吧。为表“诚意”，可以重复这样的话：“你知道吗？布尔古夫人。好吧，要想法国变得更好，可不能像这样行事，布尔古夫人……”

第 II 部分

说服的艺术

第7章　驯服男性

你到马丁的办公室找他，问他是否能写上次的会议报告，他低声埋怨道，“又是我？”“为什么是我？”你立即妥协道：“别烦了，我自己去做吧。”或者你会生气：“这是你的工作！”……你都搞错了。与一般男性一样，马丁抗议的抱怨声并没有“不行”的意思，而是“晚一点吧，等我做完手头上的事情再说”。男人总是很难放弃自己正在做的事情，而转头去做另外一件。他们似乎不能像女性那样，能够同时处理几件事情。

男性低声埋怨，女性撒娇？

这是哺乳动物的恒定特征，雄性发出低沉的叫声。动物中较少听到这类清晰的低沉声音，有时候，在男性身上较为多见。但是，男性低声埋怨，更像是个好兆头：“好的，我知道了，等我手头的事情忙完了就做你说的那个。”当他内心想说“不行”的时候、当他不在乎的时候，他们会保持沉默，这样女性才会换个话题。或者他会直接打断对方，在普通对话中，高达96%的概率会被打断。就女性而言，她们很少直接表达自己的请求。她们总是倾向于采用迂回战术以达成共识。男性经常将这类行为归为撒娇。

两性社会学家证实了这一发现。在双方共同生活期间，女性说得更多，因为她们需要说更多的话、提更多的请求。反之，男性通常利用沉默来逃避（他们既不听你说话，也不回答你的问题），或者悄悄地背叛（他们假装听你说话，假装听懂了）。

另一个观察结果：女人经常试图谈论自己的关系，但大多数时候都是徒劳的。可以通过以下事实来解释这种失败：男性大脑中的语言功能与情感功能不同。因此，关于感觉、情感、爱的话题，男性通常提不起兴趣，也不想讨论。一般来说，一个男人倾向于只谈论中性的话题（工作、体育、政治、实践……），这些都与他的情感关系不大。

为什么我们不说同一种语言？

为什么男女之间的语言存在差异？根据很多学者研究，

这种区别首先是基因造成的，当然，后天的教育也强化了这种差异。

但是海峡两岸，就是战争：一方，支持男女之间基因的不平等；另一方，检举这种“神经性的性别歧视”。简言之，无论男女，人类的大脑都没有真正的区别。这一切只是伪科学的借口，其目的是继续确保男性的统治权。

比如，来自芝加哥医学院的丽斯·埃利奥特就证实了这一论点，她在《观察家报》上写道：“没错，男女之间的行为存在根本差异，但应注意的是，这些差异随着年龄的增长而增加，因为我们夸大了男女之间智力的差异，我们的性文化也加剧了这一差异。孩子不继承智力上的差异。是我们灌输给他们这样的观点。这样的结果，也是因为我们对男孩或女孩的期待不一样。”

因此，两性之间不会有重大的神经学差异。最多“男女的大脑之间可能会有细微的差异，但是‘接线’是灵活的、可延展的、可变的”。

不管“全文化”的狂热分子怎么想，有关睾丸激素对胎儿大脑影响的研究为基因差异的支持者提供了论据。根据一些人的说法，男性和女性的大脑基本是不相同的：大多数男性有一个S形大脑，也就是一个系统型大脑；女性是E形大脑，也就是感性型的。其导致的结果就是语言的巨大差异，以及特殊影响的能力。

学会说对方的“语言”

还有一个原因引起两性沟通的困难：女性运用条件式表达的次数是男性的两倍，运用限定性表达的次数是男性的五倍，类似“可能的”或者“有点”。她们提出的问题也是男性的三倍，而且她们经常在句子中使用“是不是”，或者不把句子说完整，并且会更频繁地道歉。男性则更加习惯直来直去，女性这种表达方式就显得难以理解。他们觉得这是优柔寡断的表现，内心并不赞同。因此，他们从头到尾根本没听对方讲话，或者中途打断直接问这个女人到底想让他们干吗，这会让女人大为恼火！

如何改善交流？最好使用对方的交流模式，而非自己的语言习惯。以下为七种日常情形，用一些恰当的话语善意地操纵人心，我们会更容易获得所需。

请求帮忙，发出指令

你问道：“你能给孩子喂饭吗？”“我的电脑坏了，你能帮我修一下吗？”……

他听到的是："这一次，你可以自己处理。"

良好策略："我知道你非常忙，但当你有五分钟空闲的时候，能给孩子喂下饭吗……"或者最好这么说："给孩子喂饭，拜托了……"

当一个女人对一个男人提出请求的时候，她通常会用一种委婉的方式。在她看来，这是一种礼节，可以表现得比较柔和，因此也就可以避免双方对峙。所以，她会经常使用动词"能"，在她看来，在疑问句中，"能"比起"想"更中性一些。但是在男性的世界里，"能"这个词只代表第一层意思。询问丈夫、朋友或同事是否"能"做这做那，就像在怀疑他们的能力：他不用考虑就会回答"是的，我能做到"，然后就忘记了。也许他还会做些其他的事情来展示他到底有多少"能力"。实际上，当我们对一个男人提出请求时，最好使用命令式（"做这个""做那个"），而不要用疑问句。对他来说，用命令表达自己是很正常的，因为在他的世界分了等级，总有一个人指挥，另一个人执行。在男人之间，服从是可接受的，没有人会觉得不快，而且这也节约时间。

避免这些表达方式

你认为你能……= 你没有尽力

你要记得……= 我必须跟你说 100 遍……

如果你……就太好了 = 我不确定你是否有能力

提议帮忙

你问："你想要我帮你吗？"

他听到的是："你这么做不对。"

良好策略："你如果需要我帮忙的话，我随时待命。"

对一个女性而言，提议帮忙是一件很自然的事情，表示自己很乐于助人，这可以加深双方的合作。相反，男性朋友们认为他们有能力独自一人完成任务。如果一个男人自己没有主动提出，你就询问他是否需要帮忙，这就等于质疑他的能力，从某种程度上说，是质疑他的男性气概。相对而言，他不会把这当成一种善意、一种团结，更容易把它当成对他能力的质疑。这会让他生气（"她在搅和什么"），对于大男子主义的人来说，有时候甚至是一种侮辱。反之，如果一位女性在"待命"，给他选择是否需要帮忙的权利，那他会非常欣喜。所以，如果你看见你的同伴或者同事正费劲地做一件事情的时候，不要赶紧去帮忙，除非他明确提出需要你的协助。

避免这些表达方式

你认为你可以？ = 你没有能力

你为什么要这么做？ = 你完全搞砸了

你知道怎么做吗？ = 你从来想不到怎么做

称赞对方，表达满意

你说："你终于脱身了！"

他听到的是："你运气不错。"

良好策略："你简直让我惊呆了！"

我们每个人都需要自己的努力、优点被承认，但男性比女性更需要。在女性的世界里，人们没有或者很少有上进心：人们满足于做好本职工作，等着有人赏识自己的才华、优势。雄性通常习惯于锤击胸口以标记自己的领土并威吓其他雄性：他们经常吹牛，要求获得奖励，等等。另外，如果你的丈夫、老板或朋友取得成功，你想祝贺他们的话，请不要犹豫，多一些称赞，即使在你看起来有点多余，但这可以让你的信息传达得更清楚。而且，最好是在公众面前、在他的同事面前，以及强大的竞争对手面前，以满足他的自尊心。

避免这些表达方式

你做得还算不错 = 你可能做得更糟

你这次倒是干得不错 = 通常你会搞砸一切

我真的不敢相信 = 与你在一起，要想赢真的不容易

提出批评意见，表达自己的不快

你说的是：“你的记性还不错（你摆放的书架），但是有两三个地方搞错了……”

他听到的是：“我工作干得不错。”

良好策略：“你这么做不太好，我建议你重新做……”

当一个女性不满意自己的福利待遇的时候，她首先会顾左右而言他，然后才会说出自己真正的想法。但是男性只能察觉到一个方面。有时他只听到正面的声音。因此，他对自己感到很满意，他没有想过要做得更好、要重新再做一次。不可避免的是，这会激怒你，你会指责他，或者你会赌气来表达你的愤怒。对他来说，你这是在无理取闹。他以为自己已经做得很好了，突然觉得自己受到了审判和谴责，却没有为自己辩护的机会。结果就是，他闹别扭了：“她

让我头晕目眩……”有时候，他只听到了负面的声音。此后，他感到很沮丧（“我永远也做不到”），或者他会抱怨：“她永远不知道满足！”简而言之，当你要提出批评意见的时候，不要拐弯抹角，要以明确和建设性的方式说出来。

避免这些表达方式

你已经尽力了 = 你成不了大事

跟你在一起，总是这样 = 你真的太差劲了

你为什么要这么做？ = 你做不到的

学会拒绝

你说：“不行，我认为我这周末不能来工作。”

他听到的是：“我还不确定能不能来……”

良好策略：“不行，我这周末不能来上班。”或者“我考虑过了，这肯定不行。”

“我没有兴趣”“我不知道……”“我不确定……”在女人的世界里，人们很在意别人的看法，会尽量避免产生摩擦，或者更糟的是，害怕给他们一种被拒绝的感觉。另一个女人会立即理解这句话的含义，不再坚持询问。但是一个男人则认为这说明对方还没有决定好，是鼓励他继

续，或者对方会再考虑看看。男性世界的规则："如果你第一次没有成功，请再尝试一次，然后再试一次。"对于一个男人来说，从来没有绝对的"不行"。所以，每当你想要或需要说"不行"的时候，不要只是口头上简单一说，要表现得更加坚决。

避免这些表达方式

我不确定……= 我不知道我能不能……

我会考虑的 = 你会试一下

我不相信 = 如果……

可能 = 好的

推迟进展

如果在某个领域可能发生误解，可能会失望，甚至会大打出手，那这个领域就是两性关系。一个女人在微笑，至少表示她有兴趣；穿着有点性感，男人就推断他们有机会。但是情况反过来就不是这么回事了：一个男人表现出可爱、殷勤关切的样子，女性想象力就开始飞驰了。

这种误解因双方的需求不同而越发严重，两者关注的重点不同。大量研究表明，男人（首先）想到的是性，至少要比女性需要的多，因为他们用发生性行为的概率评估每次邂逅。反之，女性则优先寻找合适的两性关系。可能是由于基因编程的差异导致了两性之间这一基本的偏差，这一差异也常常让二者难以沟通。

面对令人讨厌的人，比如一个纠缠不休的男人或一个不知趣的女人，如何不心烦意乱地摆脱他们呢？方法就是解密以下隐含的对话，确定它们明确的边界，以准确地理解它们。

她说……	他理解为……	良好策略
我真的喜欢你，不过，是朋友的那种喜欢	我喜欢你	你真的不是我喜欢的类型
此刻，我跟其他人约好了	你并不是对我无动于衷	尽管我有空，但是我还是不想跟你约会
别再坚持了，我之前跟你说了不行	我可能以后会对你感兴趣	请尊重我的拒绝，你去找其他人吧
你很有魅力	我喜欢你	别再撩拨我了
我现在没空	也许，下周	我把你当朋友
我回头再给你打电话	胜券在握	不要再给我打电话了

让一个男人聊聊自己

你说："跟我说说你自己吧。"

他听到的是："跟我聊聊我们吧。"

良好策略："我敢肯定，你以前肯定是一个很勇敢的小男孩……"

我们知道，男性大脑里的语言功能（就如同男女的表达方式不同一样）与情感功能不同。因此，如果话题触及自己的隐私，男性就很难开口。女性则经常抛出或者谈论这样的话题，但是大部分时候是男性在主导话题的走向，他们通过低声应和表达自己的兴趣，或者保持沉默以让对方换个话题。所以，你要委婉地提出来，比如，最好用这样的方式开头：谈论他的童年、他和父母的关系、他的朋友、他的孩子，就这样一点一点地诱导他谈论自己的情感世界，引导他开启平时不会提及的内心世界。

避免这些表达方式

你总是什么都不跟我说 = 你有事瞒着我

我想知道你的一切 = 我想要控制你

你在想什么 = 你在想谁

让他改变主意，或者劝服他某件事情

你说：“我觉得你在骗我。”“我觉得……这可能是一个好主意。”

他听到的：“我敢肯定你在骗我。”“你没有任何创新的想法。”

良好策略：“实际上，你可能有道理，确实没有必要去做尝试。”“我们应该试着……”

男人说话直截了当，因为他们的想法也是直率的。不同于女人，他们生活的世界里一切更像是二元的：要么是A，要么是B，很少会A和B，或者既不是A，也不是B。人类学家是这么解释的：史前时期，我们的祖先依靠男性的速度，毫无疑问，速度可以帮助他们应对最细微的变化。此外，当今社会，尽管男性更多地利用他们的大脑而非肌肉（并不总是如此），面对这个并不是非黑即白的社会，他们仍然保持冷静，不为任何事情生气。并且，当我们试图让他们改变主意时，他们很容易有敌对情绪。我们越是努力阻止他们的想法，让他们按照看起来为他们好的方式行动，他们就越倾向于坚持自己的想法或违背你的要求。

解决方法：我们始终按照“是的，你可能是对的，但我不一定是错的”的原则向对方迈出一步，以开启对话或保持沟通。

避免这些表达方式

你相信自己吗？ = 我敢肯定，你会搞砸的

你完全错了 = 你就是个傻子

我早就跟你说了 = 你就是故意给我添堵

破解男人的语言

他说……	**你理解为……**	**实际上，他想说的是……**
你看上去有点疲惫。	你摆了一张臭脸。	我在关心你。
我有点累了。	让我安静会儿！	来照顾一下我。
不行，我没有时间。	他不想做。	我晚点再来处理。
没错，我爱你。	别再黏着我了。	你应该早就知道这一点。
我这人就这样。	要么接受，要么离开。	我很想改变，但我做不到。
我完全搞不懂。	别拿这个来烦我。	简单地告诉我。
随便你，我都行。	他漠不关心。	如果这让你高兴，那我没问题。

（续表）

他说……	你理解为……	实际上，他想说的是……
你到底想怎样？	我这些乱七八糟的事情让他厌烦了。	别拐弯抹角了。
我会处理的，这样快一点。	你拖延太久了，我只能这么做。	让我来帮你吧，这样可以节约时间。
你能挺过去吗？	你如果做到了，我会非常惊讶。	你正在面临困难。
如果你有时间的话，能不能……	你不太会安排……	我需要你的帮助。
你想说什么？	你都在讲些什么废话啊。	我没听懂你说的意思。
自己解决吧。	别拿你的问题来烦我。	我没有时间。
我来处理。	别再唉声叹气了。	问题解决了。
我们今晚去哪儿？	我不想出门。	你想做什么？
我们什么时候吃饭？	你今天什么也没做。	我快饿死了。

第 8 章　学会怎样和女性交流，尤其是和你的妻子

当你的妻子发牢骚的时候，你觉得这代表她脾气不好吗，还是她想要帮忙或者想释放压力呢？当你的女同事惊呼："我的天呀，这一天糟糕透了！"你会怎么回答她？"是啊，这一天总算结束了"还是"我还经历过更糟糕的呢"？或者有一个女孩对你说："对不起，不过我真的不感兴趣。"你明白这是一个明确的"不"吗，还是你觉得你可以再坚持一下？这一切都说不准！我们在同一所学校学习，假设我们也说同一种语言（母语），然而，对于一个男生或者女生而言，同样的单词、句子，并不一定含有同样的意思，因为我们表达的原因不一样，聊的也不是同样的事情，采用的是不同的方式。

为什么你完全不了解女人？

在前一章节里，我们提到，女性跟男性不一样，她们通常很少直接表达自己的请求。她们更想引导他人获取共识，而不是强加自己的观点。

另外一个交流的原因：如果说是女性更频繁地发起（并保持）对话，那么其实是男性在主导对话，通过保持沉默（以让女性更换话题），或通过低声附和（以表达他们的兴趣），或者更常见的是直接打断对话（谈话中断的概率高达96%）。

同时，女性运用条件式表达的次数是男性的两倍，运用限定性表达的次数是男性的五倍，类似“可能的”或者“有点”。她们提出的问题也是男性的三倍，而且他们经常在句中使用“是不是”，或者不把句子说完整。

她们更经常道歉，尤其当她们对他人的情感需求很敏感，并在意人际关系和谐的时候。

因此，大多数时候，你很少关注女性说了什么，你认为“没什么大不了”“说了很多废话”或“她不知道自己真正想要什么”。

不可避免的是，你错过了主要内容，而之后，你又要抱怨被误解了。

你想对女性产生更大的影响吗?

首先聆听她们说了什么,让她们去表达并认真对待它们。

在夫妻中，是女人占主导地位!

这是爱荷华州立大学（美国）的研究人员得出的一个结论。实验对象为72对平均年龄为33岁已婚7年的夫妻,研究人员观察十分钟他们夫妻之间的争论,或者看他们如何解决问题。结果:不仅女性说话更多,并且她们的观点占上风。研究人员认为这是因为她们在夫妻关系、任务和双方利益方面承担了更多的责任。

资料来源:《心理咨询杂志》

如何温柔地对待女人?

对于女性而言，男性话语经常过于激进（过于强烈），措辞过于严厉（太过绝对）。

你想要与女性更好地一起生活和工作，甚至有一点不诚实的企图:首先,反思自己的语言,并采用恰当的字眼(以及更柔和的语调——蛮干不如智取）。

以下是几种日常的场景，用些小技巧操纵女人的心，你成功的概率会翻倍。

请求帮助

你说："如果你有时间的话，能去干洗店帮我取一下我的衬衣吗？"

一位女性理解的是："你什么事情都不管，至少你可以……"

你应该说："我知道你很忙，但是如果你能抽一点时间去……这会帮我很大忙的。"

你有一份工作，每周工作 35 小时，如果经济压力特别大，甚至会工作 50 小时，但是说到底，你不会太劳累。一位女性每天的生活平均比男性繁重三倍。除了工作之外，她们还要负责照顾小孩（你时常送他们上学吗？你经常带他们去看医生吗？）、维护家庭（女性在做家务、做饭、购物或者洗衣服上花费的时间是男性的三倍）……总而言之，如果你不注重礼节，她拒绝你是正常的。在家里或办公室里，一个女人帮你的忙纯粹是出于善意或奉献，但如果你给她一种额外的负担的印象，那就只能拒绝你了。

发出指令

你说："哎，你去写个会议报告。"

一位女性理解的是："这次你干点正事吧。"

你应该说:“能麻烦你做……”或者“我知道你忙不过来，但是你能……”

对于男性来说，用肯定句表达极其正常。男性的思维是非常等级化的：总有一个人发出指令，另外一个人去执行命令。男人之间，这种表达方式完全没有问题，大多数情况下，没有人会因此而生气，并且可以节约大家的时间。相反的是，如果用这种方式对女性发出指令，她总是会生气，甚至觉得受到了侮辱。尽管她与男性处于平等的地位，甚至超过了他们，但她所有的自卑感和“第二性”反应都在听到这样的表达方式之后得以反映。这是可以理解的，几千年的男性统治不会在一夜之间消失。

提议帮忙

你说：“你需要我的帮忙吗？”

一位女性理解的是：“你真的搞不定的，亲爱的……”

你应该说“让我来帮你吧”或者“我可以帮助你，这样可以节约时间”。

除非你是男性突变者，否则你依旧相信女性没办法独自处理问题。从好的方面看，这是“骑士精神”综合征。从糟糕的那一面来看，这是大男子主义的老旧观念。另外，每当一个女人说出面临的问题或用抱怨来减轻压力时，你都会错误地认为她在发出求救信号。但是，对于女性而言，随着问题的出现，她们就会谈论它们，这是一种高声思考问题的方式，可以很好地整理思绪，通过这些反馈或者通过他人的看法，甚至能帮她体现自己的价值。如果你提供给她现成的解决方案，而不是聆听她的想法，那她会本能地感到被轻视、被误解了。

学会拒绝

你说："不行，绝对不行。"

一位女性理解的是："我根本不在乎你的问题，不在乎你""你永远不可能升职加薪……"

你应该说："我目前还不能办到，但是……""我会考虑一下……"

对你来说，"不行"就意味着"现在不行""晚一点，也许可能"。另外一位男性可能会认为这个答案既不是完全的拒绝，也不是明确的拒绝。换一种表达方式，稍后事情或有转机。相反，对于女性而言，由于她们在善良、体贴的环境中成长，她们学会了退缩，甚至牺牲自己。简单的"不行"让她感到被拒绝，尤其还是干脆的语调，一锤定音，她觉得被否定了。

称赞对方，表达满意

你说："你总算脱身了。"

一位女性理解的是："我以为情况会变得糟糕。""你本该做得更好的！"

你应该说："我对你做的事情很满意，你真让我感到惊喜！"或者"多亏你，我们赢了。"

在男性的星球，人们倾向于将所有的功劳都归结于自己，而最小化他人的努力。当某件事成功了，那总是多亏了他的能力、努力、优秀表现，他们经常低估运气的成分或他人的贡献。人类学家认为，这是一种古老的态度，追溯久远，那时射击猛犸最准的那个人获得最大的一份猎物。但是，在金星上，女人们不会做自我提升，或者说要少见得多：她们满足于把工作做好，并且想象其他人会注意自己的成果，而不必大肆宣扬。她们也希望获得起码的认可，甚至获得他人的感激。每当你不给予肯定（经常），或者最小化她的贡献（一直）时，一个女人就会想象最坏的情况，"我还不够好""我又让他失望了"……

让她改变主意

你说："你做的这份文件实在太无聊了！"

一位女性理解的是："你无能、愚蠢，你实在太让人失望了，你应该被炒鱿鱼……"

你应该说："我不这么认为，我觉得你还不如……"或者"我不喜欢你做的，我觉得……"

对于男性而言，"无聊"只是一种口头禅。他无意冒犯，仅仅是让别人解释一下，或者再查看一下文件内容。另外一个男人会本能地觉得这不是什么大事，也不会打心里觉得自己受到质疑。反之，对一位女性而言，最重要的不是我们成功了（结果），而是做事情的方式（和谐、达成共识），所有的指责，无论合理与否，她都或多或少地将其视为对她能力甚至女性身份的质疑。因此要学会详尽地解释清楚。

破解男人的语言

他说……	你理解为……	实际上，他想说的是……
你看上去有点疲惫。	你摆了一张臭脸。	我在关心你。
我有点累了。	不要来打扰我！	来照顾一下我。
不行，我没有时间。	他不想做。	我晚点再来处理。
没错，我爱你。	别再黏着我了。	你应该早就知道这一点。

（续表）

他说……	你理解为……	实际上，他想说的是……
我这人就这样。	要么接受，要么离开。	我很想改变，但我做不到。
我完全搞不懂。	别拿这个来烦我。	简单地告诉我。
随便你，我都行。	他漠不关心。	如果这让你高兴，那我没问题。
你到底想怎样？	我这些乱七八糟的事情让他厌烦了。	别拐弯抹角了。
我会处理的，这样快一点。	你实在拖延太久了，我只能这么做。	让我来帮你吧，这样可以节约时间。
你能挺过去吗？	你如果做到了，我会非常惊讶。	你正面临困难。
如果你有时间的话，能不能……	你不太会安排……	我需要你的帮助。
你想说什么？	你都在讲些什么废话啊。	我没听懂你说的意思。
自己解决吧。	别拿你的问题来烦我。	我没有时间。
我来处理。	别再唉声叹气了。	问题解决了。
我们今晚去哪儿？	我不想出门。	你想做什么？
我们什么时候吃饭？	你今天什么也没做。	我快饿死了。

第9章　征服听众

在当今社会的义务教育阶段，我们发现老师辛苦地输出他们的知识，我们就想象得到让那些愿意听你讲话的人听懂你讲的内容是多么困难。

更何况，我们生活的世界充斥着大量的废话。然而，当我们心有所求的时候，拥有好口才非常关键。

政客、记者、沟通大师……所有擅长口才的专业人员都有非常有效的技巧，可以吸引他人注意力，不让听众打瞌睡，或者被人拒绝。应用这些技巧，你将坚定自己的信念，并强化对他人的影响力。

两人面谈

背景：会见、招聘面试、评估面试、和客户沟通、商务午餐……

挑战：“吸引”，获得“好的”，达成一致。

不利条件：尽管此时冰面已经破碎，但是每个人都是一座孤岛。

风险：无声的反抗。对方假装在听你讲话，但并没有真正参与其中，或他在独白——他没有给你说话的机会。

良好策略

» 如果你想触动谈话对象的敏感弦，坐在他的左侧 45 度；如果你想唤起他理智的大脑，坐在他的右侧。

» 看着他的眼睛以建立你们之间的联系，在你们讨论的过程中遇到重要时刻停顿一会儿，比如在一个想法、论点、问题、答案之后。

» 倾听他人的时候注意保持脸部（额头、眉毛、嘴……）放松。时不时地微笑以表示自己的兴趣和友善。

» 就你听到的内容提问以保持专注。比如：重点是什么？这些信息对我的工作有什么影响？其他人对我有什么期望？我应该问他什么？……因为我们的思想本能地会发生偏移，因为我们听的速度比我们说的快三到十倍。

» 小心对方注意力下降或可能出现的迟疑，例如，他坐的椅子明显地往后退了几步，或者他的眼神开始游离。

应避免

» 侵犯对方的私密领土（在其周围保持一米的直径距离），比如，提出问题的时候，向前倾得过多，十分靠近对方。

» 始终盯着他：通常被视为挑衅，尤其对于食肉动物而言。

» 表现得太过熟悉：避免不适当地以“你”称呼，避免可能被认为是暧昧的身体接触。

三人讨论

背景：和两个同事、两个合作伙伴等讨论，和两个客户、两个供应商、两个上司等谈判。

挑战：强调你的观点、说服你的听众。

不利条件：力量不均衡。你是单枪匹马，对方是两个人。

风险：与对方陷入问题和/或思考的交锋中，或被排除在对话之外。他们开始一起聊天，并且无视你。

良好策略

» 坐在一人的对面、另外一人的旁边。这会不知不觉地改变你们的力量关系：你不再是一对二了。

» 稳稳地坐在椅子的后部，挺直上身，双脚平放在地上，不要在座位下面把腿折起来或者交叉双腿。在椅子上挺胸抬头不仅仅是一个正确的坐姿，它还会让你更加自信。

» 在开始一个句子之前喘一口气；在句子中间沉默地停顿一会儿，这会让你的发言不疾不徐，富有节奏。

» 谈话时优先考虑最重要的人，但是要注意让另一个人参与进来，比如，经常征求他的意见以示看重。

» 当你想表达自己的意见、传达你的决心时，请提高音量；当你要提出建议或宽慰人心的时候，请降低音调并减慢你的语速。

应避免

» 用单调的声音说话，面无表情：即使你一直面带微笑，也仍然显示出你的窘迫。

» 总是说“我”：用“我们”代替“我”，让更多的人参与进来。

» 让你的两个对话者中的一人陷入沉默，在旁观察，他可能已抱有敌对情绪。

多人会谈

背景：非正式会议、圆桌会议、团队午餐或晚餐……

挑战：传达想法、输入观点。

不利条件：竞争、对抗、重点和利益的分歧。

风险：被垄断话语权的人钳制言论，一直被打断，无法表达想法、论点、无法传达思想。

良好策略

» 找出在场的人中的决策者以及（或者）团队中的主导者。

» 尽可能地坐在他的对面或者附近，以便能够轻易地吸取他的目光，抓住他的注意力。

» 对着团队里最有影响力的人说话，但是也要环顾四周，兼顾每个人。

» 选择恰到好处的时机发言，以便指出或者强调一个关键信息，提出恰当的问题，抛出讨论的议题，提出有建设性的意见。

» 说话时，请用嘴唇清晰地表达文字。嘴唇运动也能引人注意，并且口齿清楚时，表情就会更生动。

应避免

» 打断他人，即使对方喋喋不休或者离题万里，除非是你主持会议。

» 强调困难和分歧。更多地着眼于解决方案（采取的行动），而非讨论问题本身（分歧的根源）。

» 当人们无话可说的时候才发言，或者重复他人说过的话。当人们询问你的意见时，如果你没有新的看法，就简单地说："我同意你的意见。"

发言

背景：访问、研讨会、新闻发布会……

挑战：在15秒内说出重点。

不利条件：终于摆脱匿名状态。

风险：不允许你发言，或者即使允许你发言，但你的言论淹没在嘈杂声中。

良好策略

» 如果是研讨会发言，准备四五句自我介绍："大家好，我叫（姓名），我是（头衔、职位），我（想、计划、愿）……"

» 如果是新闻发布会，准备三四个非常清晰、简短、恰当的问题。

» 起立，等待几秒钟让听众的眼神汇集到你这里，在提出问题或者发言之前，做一个简短的自我介绍。

» 如果是访谈，准备三四个重要观点，强调你的引言和结尾部分：这是人们记得最清楚的部分。

» 在重新落座之前，感谢听众的支持，感谢他们给你的答案。

应避免

» 只有一个好的问题：它可能被其他人提出来了。

» 吐字不清（吞音），眼睛看着天花板或者地面，不看你的发言人群。

» 当没有麦克风的时候，说话声音太小（大声地说出来），或者当有人给你麦克风的时候，你的声音又太大了（正常音量）。

做报告

背景：课堂、团队简报、客户展示、评委、试镜……

挑战：输出观点、资料、计划或者自我营销。

不利条件：你处于听众的焦点，他们根据你的演示内容、展示方式来评判你。

风险：在最初的十秒钟内引起注意（人们不再关注你，他们自己之间讨论开来）。因此，特别注意你的引言部分。

良好策略

» 与你的听众保持一定的距离，以保证所有人都能看见你。

» 开始之前，安静地看着你的听众，最开始看看“朋友”，接着看每一位参与听众。

» 用简单的手势强调你的论点，张开你的双手，面向听众。你的手势应该随整个上半身而动。

» 如果你想向观众展示资料的话，尽量靠近屏幕，并且保持面向观众。

» 表达一个重要观点之后，沉默一到两秒钟，看看现场的每位听众。

应避免

» 冗长而令人费解的语句。不要啰里啰唆，良好沟通的原则：一句话 = 一个观点。

» 特别看着某个人，只对着坐在中间的听众讲话，或对着空气讲话。

» 手四处乱挥舞，用手指着某个人（威胁）或指着空气（卖弄学问）。

最后出场的就会拔得头筹吗？或许不会！

竞争项目、试镜、快餐式约会……设法成为第一或最后一个。美国心理学家万迪·布鲁因·德布鲁因指出，在一个接一个地出场的竞赛中（《美国之声》《欧洲电视网歌唱大赛》、艺术体操等），评委总是会给第一位和最后一位出场的选手更好的分数，尤其是最后一位。首先由于新鲜感的刺激，其次由于从早到晚一天辛苦下来，所有人都有点心不在焉，想赶紧回家了。

资料来源：《心理学报》，2005 年

发表演说

背景：会议、研讨会、代表大会、见面会、辩护……

挑战：设法传达信息，引起关注，并说服大量持不同观点的听众。

不利条件：怯场。

风险：听众保持礼貌但也无精打采，对你所讲的不感兴趣，或者反对你的看法，他们相当激动，提出异议，现场一片哗然。

良好策略

» 前一天，请重新阅读笔记并查看影像资料，心里再重复一遍你的观点，然后，设想自己面对的情形（理想情况是去你要发言的场地看一看），想象在场的听众，并从头到尾重复自己的讲稿。提前准备一到两个玩笑，可以再次吸引观众的注意力。

» 在演讲当天，审慎地选择你的着装，让观众将注意力放在你的脸和演讲上。

» 面对公众，保持放松的姿势：骨盆和胸骨在同一轴线上，抬头，双脚以V形打开，手臂稍微分开，双手张开，全方位地与观众接触。

» 开始之前，请静默观看整个会场，首先看会议厅较远的地方，接着靠近一点，也看一下会场角落里的听众。

» 发言时，不要对着空气，要与听众进行眼神交流，然后，每次更换观点的时候，换一位听众进行眼神接触。

应避免

» 前后摆动身体，双手交叉在小腹前（用来抵御潜在威胁的一种古老姿态），将双手放进口袋里，靠在墙壁、桌子或课桌上。

» 双臂一直摆动：双手离开自己的身体范围，也就是距离自己 50 厘米之外，并双手朝向观众。

» 不看观众，而是埋头看着自己的笔记（用心记住）。

20 个防止怯场的诀窍

我们没办法逃避怯场，但是有一些技巧可以让我们抵消怯场的影响，演员或经常公开发言的人都熟知这些技巧。

发言前一天

» 安排一个消遣活动：美餐一顿、看电影、度过美好的一夜……

» 身体疲劳之后好好睡一觉。

» 想象你要面对的情形、你要参与的活动，想象一下这次活动会为你带来的美好结局（赞美、祝贺……）。

» 提醒自己塞内卡[1]的思想，并告诉自己有些事情你无能为力。

» 去土耳其浴室洗桑拿、泡热水澡，热量会释放内啡肽，可让人愉悦和自信。

» 预先排练，如果可能，重复你的演说过程，并仔细准备技术细节。

» 预先准备替代方案（“如果我没有驾照，我就买一辆小型摩托车”“如果我没有应聘上工作，我就去度假”）。

» 避开来自他人的焦虑。

» 戒掉咖啡，尤其是浓咖啡、酒精和所有化学兴奋剂。

» 入睡之前喝一些热牛奶；它含有 L- 色氨酸，是一种治疗失眠的最佳成分，它还可以重新激活幼儿期的安全感。

演说当天

» 吃巧克力：其中含有的硫胺素，是一种情绪调节剂，可激发能量。效果不如 β – 受体阻滞药，但总比没有好。

---

1. 卢修斯·阿奈乌斯·塞内卡，生活于约公元前 4 年至公元 65 年。古罗马帝国哲学家，受斯多葛哲学影响，精于修辞和哲学。他主张人们用内心的宁静来克服生活中的痛苦。

- 重复告诉自己，一切都会顺利的（库埃[1]方法）。
- 考虑所有可能出错的地方：这也会起作用的！
- 释放神经丛，深呼吸。
- 闭上眼睛，放松一会儿。
- 张开嘴减压，找到你的内部平衡。
- 坐下来避免腿软的感觉，恢复肌肉张力。
- 坐下，向前倾斜身体，将头放在膝盖间，可缓解头晕。
- 打哈欠或打喷嚏以清清嗓子。
- 用力掐一下自己，以转移注意力。

“听不清，喂，你说什么！”

在面对面的谈话中，7% 的信息是通过语言传递，约 37% 是通过声音传递，约 56% 则是通过手势传递信息的。

相反，在电话中，显然是通过声音来传递主要信息。

因此，有必要控制自己的声音，以便更好地说服别人。如果我们想撒谎（研究证明，我们更经常在电话里撒谎），则更需要控制声音。

1. 埃米尔·库埃，法国心理学家，创造性地提出和运用了“心理暗示与自我暗示”“安慰剂效应”等心理疗法。

怎样“变成”好的嗓音？

» 放慢语速。在电话里，我们看不到对方的手势、面部表情，因此大脑需要一点时间来抓住单词的意思。此外，一个缓慢的语速通常代表自信、认真，相反，语速过快体现出紧张和缺乏自信。

» 降低音调。低沉的嗓音让人安心，会激发自信。比如，警察只会录用声音低沉的谈判人员，以便安抚挟持人质的绑匪。反之，音调较高，比较尖锐，经常会让人不舒服，甚至会冒犯他人。我们的嗓音高低大多取决于我们的形态，但还是有一些方法可以改善。（参见第6章）

» 用坚定和热切的态度表达自己。温和的声音让人安全，但是它同时也让人觉得缺少活力和自信，甚至让人觉得伤感。冷冰冰的声音可能透出坚定，但是又缺乏热情和魅力，它不能让人产生好感，不能传达善意。

» 表达清晰。因为不是面对面，所以单词发音必须清晰，便于传达和理解信息。训练自己的口才非常有益，并且也挺有趣的。（“吐字清晰，就已经赢了！”）

» 录下自己的声音并听一下，以改善发音。我们永远不会听到别人是怎么看待自己的嗓音的，有时候结果让人惊讶和不舒服。

一切都在 15 秒内完成！

通话的前 15 秒具有决定性的作用。电话那头的人从你一开始说话，就对你产生了印象。因此，以坚定、自信和专业的语气说话，不要拖长音调——别人会觉得你在开玩笑——没必要让对方重复你的话，这很烦人。尽可能避免犹豫（“呃，呃……”）和语言习惯（“我的意思是……也就是……”）。而且，最重要的是微笑！想象一下，在电话中听起来很棒。

第10章　真相，我是否在撒谎?

我们每个人都尽力展现自己最好的那一面，尽管这意味着需要对真相进行一些加工，只要是故意隐瞒，就是一种操纵手段。

有时候，一个人说谎是出于自尊，为了维护或提升自己的形象，也为了劝服他人，为了获取利益，因为你总是期望别人做一些事情，获得尊重、他人对你的示爱、爱他人、服务或其他好处。有时候，我们撒谎是出于同情或体贴，为了不伤害别人，也可能为了避免冲突。也有时候，我们撒谎纯粹是出于恶意。

事实上，我们本能地具有说谎的倾向，这是人性，是社会游戏的一部分。没有它，生活很快就会变成地狱，毫无疑问，我们经常撒谎，不管从本义上还是从修辞上看都是如此。

“甚至连婴儿都撒谎！”

当豪斯医生[1]声称母亲子宫中的所有婴儿都叫匹诺曹的时候，他是不是太偏执了？不完全是。他的职责就是做出正确的诊断。换句话说，他要挫败其病人对他进行的有意识或无意识的操纵。因此，他的出发点在于一个原则，就是每个人都撒谎，无论是否故意：“我不问病人撒谎的原因。我想他们每个人都在撒谎。”（《豪斯医生》，第 1 季，第 7 集，《贞操》）

无论如何，所有关于谎言的实验都表明，我们撒谎的次数总是比想象的多得多，即使我们并不是那种毫无顾忌，撒谎成性的人。一些研究人员甚至估计，我们每天撒谎 6 至 200 次，其中 40% 的谎言是想要掩盖一个“不良”行为……说谎很难引起注意，我们充其量只能识破四分之一的谎言。

我们说谎就如呼吸一般，尤其是在我们第一次见面时，在 10 分钟的对话里平均就有两到三个谎言。女人说谎主要

1.《豪斯医生》的主角。《豪斯医生》是由大卫·萧尔创作和制片的悬疑剧，2004 年出品，讲述了普林斯顿大学附属医院脾气古怪的格雷戈·豪斯医生，利用自己的一套医学理念，和三名出色的助手解决无数疑难杂症的故事。

是为了讨人喜爱，男人说谎是为了显示自己的才能。

此外，我们也承认每天有意说谎至少两次，可能是出于自私：给人更加理想化的印象、试图获得好处、避免受到责罚、避免冲突……或出于对他人的善意，让别人高兴、不要伤害他人、如果进展不顺想安慰对方……所有人中数青少年撒谎最多，十有八九是对自己的父母。但是，唉，大多数时候他们都是出于善意，是为了和平或者不要伤害他人。

男人比女人更会撒谎

每个人都撒谎，但是如果我们相信英国的一项研究成果，那么男人比女人撒谎更多。男人一天撒谎三次，一周撒谎 21 次，每年撒谎 1092 次；而女性每天说谎只有两次，每周说谎 14 次，每年说谎 728 次。

9大胡扯之最

英国人既没有比我们更道德，也没有比我们更不道德，关于“谎言，谎言，谎言……”的研究体现得很清楚。当我们说谎时，即使出于好意，我们也总是有点愧疚的感觉。那什么是我们最经常说，且觉得最可怕的谎言呢？降序排列如下：

1. 告诉别人你爱他，但事实并非如此；

2. 不告诉你的伴侣你到底和谁在一起；

3. 不告诉你的伴侣你到底在哪里；

4. 打电话到他上班的地方，告诉他你生病了；

5. 告诉别人你非常爱他，但事实并非如此；

6. 欺骗对方你做某件事所花的时间；

7. 告诉对方自己没有喝很多酒，但其实喝了很多；

8. 声称自己太忙没办法回电话；

9. 告诉对方今天打扮得很好看，但其实内心并不这么想。

我们的受害者？显然是我们的亲人。比起一个陌生人，我们更有可能对母亲撒谎（23%）、对工作的同事撒谎（20%）、对我们的老板（12%）或我们的合作伙伴（12%）撒谎。

资料来源：www.sciencemuseum.org.uk

尽管如此，我们的大脑也是有道德观的。来自加州大学洛杉矶分校的马克·科恩和山姆·哈里斯在大脑面对真假命题时给它拍照。结果：当我们提出的命题似乎是正确的，例如“太阳从东方升起”，大脑中与美有关的区域被激活；当我们认为命题不准确的时候，例如“那不勒斯是意大利的首都”，大脑中与反感有关的区域有了反应。真理与美丽相连，而谎言和拒绝相合。

这就可以解释为什么当我们说出大大小小的谎言的时候总是感到不舒服，即使是出于善意的谎言。

我们能“识破谎言”吗?

如果你看过《别对我撒谎》[1]，你可能知道我们只有7%的交流是通过语言进行的，而93%是通过非语言来表达，我们的脸部具有43块能够产生超过1万个不同表情的肌肉，并且其中大多数是不能控制的。换句话说，我们撒谎之后，自己的想法和感情会通过脸部呈现出来，而“我们自己并不知道”。

但是，谎言真的存在客观的蛛丝马迹吗？例如，在刹那间眼神的闪躲？好吧，不！与固有观念相反，关于谎言

1.《别对我说谎》（*Lie to me*）是美国福克斯广播公司于2009年~2011年播出的电视剧，每集剧情为一个简短的故事，主角通过对人的面部表情和身体动作的观察，来探测人们是否在撒谎来还原事件真相。

的大部分研究表明，很少有与撒谎相关的行为，即使当它们存在时，其差别也很细微：我们不能偏执地推断一个人在撒谎。我们勉强能够知道一个撒谎者倾向于花更长的时间做出回应，他们的声音更尖锐，说话的时间更短，并且他们还会犯更多的口头错误。但是这一切还是要谨慎评判。例如，有明确动机的骗子更少地晃动手；他们也更少微笑……

实际上，即使是专业人士、警察、法官等，每天面对各种说谎的人，但他们并不比常人更为敏锐，他们甚至不能识破一半的谎言。

产生疑虑并没有什么用！相反，仅靠直觉，我们就能更好地发现谎言：不看而听，似乎会更有效，因为比起我们的眼睛，我们的耳朵更少欺骗我们。

蛛丝马迹，但非证据

并没有确凿无疑的撒谎迹象，然而，某些蛛丝马迹可以警示我们，特别是：

非语言行为

» 瞳孔收缩

» 眨眼

» 说完一句话之后呼气

» 反复地让手和脸接触

» 减少以示同意的点头次数

» 少有手势（很少的手、脚和腿的动作）

副语言行为

» 反应时间（问题结束之后到开始回答之间的时间）

» 沉默的停顿

» 非沉默的停顿（使用感叹词，如啊、嗯、呃……）

» 变换语调（更尖锐）

» 语言错误（语法错误、口吃、回答方向错误，零散的句子……）

» 重复单词和句子（此番话语并没有被停顿、错误或者问题打断）

怎样面对说谎的人?

揭穿他吗？除非你占据绝对的力量优势。否则，他可能会否认（谎话越说越多而不能自拔）、怨恨你，甚至变得咄咄逼人。反之，你可以用肢体语言向他表明你没有被骗。有些手势可以表达怀疑，并且能被每个人（无意识地）察觉出来。例如，你可以扬起一边眉毛，表示你怀疑他说的内容；你可以摸一下脸颊、下巴，挠一下耳朵，或者用食指摸一下喉咙，做出思考的样子。另一个表示怀疑的动作：你也可以后退一步或交叉双臂，让他觉得你处于防守状态。

互联网时代仍然不能解决！

今天，我们撒谎更多，因为有很多办法可以让撒谎免受相应的处罚。在匿名时代，一切皆有可能。社交媒体将谎言提高到了高级水平。但是，很显然，连猫都很难在那里找到自己的幼崽了。越是每个人都说谎，就越难以区分真相和谎言。我们在编故事的时候越是感到高兴，我们就越不在乎上当受骗。

网络上传播的消息中有四分之一都是虚假的。此外，康奈尔大学（美国纽约州）的研究人员正在开发调试一款分析电子邮件的软件。如果有人在邮件里撒了谎，研究人员能够识别示警信号。据说纽约警察对此很感兴趣，它更容易追踪诈欺犯和恋童癖患者；一些公司也同样表示有兴趣，这样可以发现偷懒的员工。

怎样发现邮件里说谎的人？

以下四个迹象值得怀疑：

» 文本的长度。邮件越长，包含一个或多个谎言的可能性就越大。一位来自康奈尔大学的研究人员指出："平均而言，隐藏谎言的电子邮件比真实的信息多出28%的文字。当你说谎时，你试着提供可靠的故事，因此你会给出更多细节，你处于说服他人的模式。"

» 缺少人称"我"。它意味着拉开距离，因为在潜意识里，我们不想对我们所写的内容承担责任。

» 使用消极词汇。当我们说谎时，我们内心的犯罪感常常引导我们使用消极的表达方式："这真让人伤心""太遗憾了""运气糟透了""太倒霉了！"

» 缺乏表示因果关系的句子。事情总是毫无理由地呈现：没有"因为""原因是""由于"……

学会"真正"地说谎

原则上，夫妻、友谊、伙伴，这些人际关系是建立在信任的基础上。我们不会无缘无故地怀疑那些我们经常来往的人，以展现对方的诚意或者真心。我们先验地认为他们的感情和言语是真诚的，无论如何都是出于善意的。在我们所有的关系中，坦诚真相是自然而然的。我们应该说真话，尽可能地。我们可以说出真相，但并不要总是说出来，更不要不计代价。这是一个谨慎的问题，真诚不是口无遮拦。这是一个分寸问题：一些真相是伤人的。这是一个自我保护的问题：每个人都需要自己的秘密花园。大多数情况下，含糊其词、秘而不宣、说一半真相就已经足够了，人际关系的本质基于不言明。但是，我们不能什么都说，我们不应什么都说，适时的说谎是非常困难的，尤其是当你不习惯说谎时。撒谎如呼吸一般容易的人是很少见的，它需要逻辑和策略（我们不是随意地乱扯谎），而且还需要精力、自我控制力（比起基于感情的撒谎，对一个事实或者观点撒谎要更容易一些）。以下方法可以完善你“善意”的谎言，让它们听上去很合理，给对方提供简单的真相。

少说谎话

马克·吐温说：“真相是我们最宝贵的东西。省着点说吧。”谎言也同样珍贵。换句话说，如果没人逼你，就不要说谎了。如果你的老板或配偶不询问你，比如，你昨天（工作日）去哪儿了，你就不要主动跑去告诉他你去见客户了，毕竟，一通简单的电话他就可以查证事情的真伪。理论上来说，最好的撒谎方法就是什么都不说。疏忽撒谎总比扯谎要好（一个谎言总是导致另一个谎言）。如果你必须编故事或否认指控你的某些事情，要适度地撒谎。杜撰或者编故事是没用的。

保持在真实的范围内

如果你不得不撒谎，最好尽可能地贴近事实。即使在许多情况下，“谎言越大，则更易采信”的原则仍然正确。但是诸如“我的祖母去世了”或“我被里昂信贷银行里的疯子劫为人质”这样的借口只能使用一次，留到特殊情况下再使用吧。一个好的谎言必须始终在合理的范围内。通过这种方式，人们无法验证其真伪。此外，别人会觉得你很可靠，特别是当你承认一半事实的时候。技巧在于承认真相里的不愉快部分，而隐瞒最重要的那一部分。是的，你承认当你离开办公室后，和伯努瓦一起喝了一杯。“我们聊了很久，都没有注意时间。你不生我气吧？”你暴露了一棵树（你和伯努瓦过得很愉快……），但藏起了整个森林（你正准备新开一家具有竞争力的公司）。

预估问题

在紧急情况下即兴回答的时候，你更容易露出破绽。惊讶之余，你不能语句连贯地做出解释，结结巴巴的，透露出了你的慌乱。一个谎言，就像是不在场证明，它需要提前准备。你必须预先估计可能会面对的问题(主要问题),能够以令人信服的态度回答出来。不要大意,觉得你的配偶或老板没有好奇心,或者觉得他们有其他的事情要做,没空来监视你。他可能突然起了很大的疑心,变得偏执起来。他们甚至会问你非常尴尬的问题,尽管他们并没有意识到。

不要透露太多细节

同样保持少量原则和审慎原则。要在关键点说谎,不要透露太多的细节。如果你说你已与新客户取得联系(知道他公司的地址就很好了,人们永远不会去探究),但没必要描述他公司的建筑,或像拍电影一样,挨个场景地讲述你们的会面。警察深谙此道——巧妙编造的不在场证明反而更容易引起怀疑。没有人能完全记得一个星期或某一天中他所见或所闻甚至在某个时候所做的事情。你说得越多,越容易露出马脚。好的谎言总是要留白,要是似而非。如果对方问你细节问题,这么回答你的谎言会更可信:“我记不清了”或者“我不知道”。

控制你的表达

即使你习惯了说谎,要撒谎也不容易。我们感到有点或者非常愧疚（尤其当我们想象对方不会撒谎时）。我们或多或少害怕狼狈（这完全取决于说谎是否成功）。有时候（很少），我们感到“欺骗的乐趣”、戏耍他人的满足感、觉得自己比他人更厉害。所有这些有意识的情绪，都会不自觉地引起表达的变化。在儿童身上，其眼神变得难以捉摸，声音变得更加尖锐或不够坚定。原则上，成年人可以更好地控制自己。但是通常，眼神闪躲、清嗓子、深呼吸（就像在潜水之前）等信号暴露了你的谎言。为了更好地撒谎，你需要找到并去除撒谎的信号。一个“好”的谎言应该自然而然地融入谈话中。理想情况下，撒谎的时候应该靠近对方。打电话时，注意力更多地集中在你的声音上，对音调变化更加敏感。如果你隔着办公室对你的老板撒谎或许会更糟，背着他撒谎情况也是如此。说谎的最好方法是直视对方的眼睛。想象一下那些政治家的样子。

对你的谎言负责

当一个人说谎时，他对另一个人并不真诚，最起码对自己不够真诚。否则，你至少要说两次谎。你有意告诉自己，你为别人或者情势所迫，此刻不得不撒谎。但是你不认为自己是个骗子。突然（愧疚再次产生作用），你忘记自己已经说谎了，也忘记了你的谎言。然后，有一天，无论是否有意，你收回前言。你承认撒谎了，但“并不是故意的”，你说出了真相。比如，你告诉老板，你之前犯胃病不得不待在家里。后来，他发现你在看法网比赛。这不仅让事情变得混乱，更重要的是，这会让你失去信誉。别人会觉得你轻率鲁莽，这还算好的，糟糕的是，别人会觉得你阴险狡诈。说谎是需要记忆和勇气的，否则就别说谎。如果是出于恶意而撒谎，那会造成双倍的损失和伤害。

守住谎言

成功的谎言带来的愧疚感和满足感让我们经常感到有必要向第三方坦白自己的谎言（当你不能告诉受害者时）。不要这么做。坦白你的谎言，这会让你生活在危险之中，对方可能找你对质。你办公室里最忠实的心腹（尽管他守口如瓶）、那些你完全信任的人，他们可能会相信风言风语。也不要抱有幻想，觉得你说谎的对象和你坦诚谎言的对象没有丝毫关系。世界是很小的，存在着偶然性，也存在着敌意。说谎话，就和干坏事一样，要隐秘进行。

第 11 章　成功应聘

申请一个职位，有点像见未来的公公婆婆，除了招聘人员通常比父母斤斤计较一千倍以外（必须说，他们有更多的选择）。如何把握所有机会？关键在介绍环节！

美化简历，但不能漏出太多破绽

以下是五种必不可少的技巧，可优化你的应聘材料。

马赛式作假[1]

原则：Catch Me if You Can（猫鼠游戏）

保持真实性，因为招聘人员可不是傻子：他们非常清

1. 1993 年 5 月 20 日，马赛队以 1：0 战胜瓦朗西安队，确保能赢得法国联赛冠军。但不久有球员举报，马赛队赛前贿赂了瓦朗西安队球员。

楚每个人都在作弊，如果太过分的话，他们会毫不犹豫地打个电话以核实你的信息。换句话说，不要捏造所有材料，一个名牌大学学历（尽管你是在网上买的）、一段不同寻常的职业经历（25 岁的时候，除非你是沙丁鱼渔船上的少年见习水手，否则不应该拥有十年的工作经历），或者拥有一个比慢跑更加性感的爱好（你几乎没有机会在周末的时候去打场马球）……

（想变成牛的）青蛙式作假[1]

原则：“越夸大，越美丽！”

这属于过分吹嘘自己的学历，或者夸大之前工作中所承担的任务和责任。我们差点拿不到的文凭、在一所精英大学里仅度过一天，或者花了一个周末去参加了一场简单的研讨会，就自称校友。我们夸大了自己的职位，在你口中的实习变成了有限期合同，经理助理的秘书、经理助理变成了副总经理、产品营销经理……

1. 法国儿童故事，讲述一只青蛙看见牛，觉得自己太小了，想变得和牛一样高大。

我的简历，注了水分！

75%以上的简历都会弄虚作假！人力资源顾问弗洛里安·曼蒂奥内在调查了284名招聘者和527位求职者之后，得出此结论。很少会有人说一个很大的谎言，就比如一个瑞典人，人们发现他并没有飞行员合格证书，但此前他曾经为比利时、英国和意大利的航空公司驾驶波音737长达13年。更别提史蒂芬·斯皮尔伯格电影中的身份僭用[1]，年轻的小弗兰克·阿巴格纳尔（莱昂纳多·迪卡普里奥饰）分别假装成一名飞行员、医生和律师。我们会对关于年龄、学历（职业高中毕业变成了高中会考毕业，学士、硕士毕业……）、语言水平（但是这很荒谬）、收入、家庭状况，甚至爱好撒谎。此外，随着“jobboards”（互联网招聘板块）的出现，61%的求职者承认，在简历上作假更为容易。没见面，就拿你没办法。再不然，我们也可以说是点击错误。

资料来源：www.florianmantione.com

1.《猫鼠游戏》(*Catch Me If You Can*)是梦工场电影公司出品、斯蒂文·斯皮尔伯格执导的犯罪电影，于2002年在美国上映。

受到百般照顾式作假

原则：“因为我值得！”

这属于夸大之前职位的优势：我们加入少量股票期权，编造了特定的风险溢价，夸大了自己的固定工资，夸大了“fringe benefit ”（额外福利）等，以获得办公用汽车，让雇主支付互助保险，办健身卡，休一年的假期，休第六周带薪假期[1]，订阅昂贵的杂志……

满口谎言式作假

原则：“你很幸运找到了我，我总是‘full time’（全职）！”

捏造各种各样的实习和工作经验，来填补职业生涯的空窗期。两份工作之间的过渡期变成了花一年时间用来学习一门语言的充电期，六个月的失业期被你假装成创立了新公司、去巴哈马群岛冲浪、去获得环境工程硕士学位……

美化式作假

原则：“这是我自己的选择！”

---

1. 法国于1982年确定了每年五周的带薪假期，近些年来，员工开始讨论第六周带薪假。

理顺自己简历中不光彩的地方，以掩盖职业生涯的不顺畅：失败、被解雇……并解释离职原因。说“我轮岗了”代指“我的老板之所以解雇我，是因为他再也不能忍受我了”“没有按之前约定好的给我升职”，而不是说“我惨败了，我在这个公司的工作难以继续……”

简历造假，有什么风险？

实际上，即使招聘人员偶尔核实你的信息，这也不算什么大事，尤其是在社交网络上（脸书、领英……）上搜索你的姓名。最糟糕的是当场戳破，比如，你声称自己可以流利地说德语，而招聘人员就用德语向你提问。实际上，如果求职者为了获得职位，美化了自己的学习经历和职业生涯，老板也不能以此为借口把你赶出门外，或者取消就业合同。他应该去了解应聘人员的职业经历。如果他不去了解，就只能怪他自己了！

“为什么是我，而不是他（或她）？”……

你最终获得面试机会了吗？面试官等着你呢！面试不能即兴表演。我们需要准备，它涉及仪容仪表（人们会对你产生什么印象？）或者言谈举止（我们需要说一些什么？）

在仪容仪表方面，一般需符合大众传统观念：不要穿太华而不实的衣服、留夸张的发型，除非你申请的是沟通类的职位。

在言谈举止方面，显然，最好是精神状态佳，让人感觉舒服，又不会太给人压力，同时既放松又专心。千万别忘了你的肢体、你的脸也在给你加分或者减分。一个好的招聘者在你进门那一刻，就观察你的举止并得出结论。因此，注意举止：后背挺直和少点手势，在面试官视野之内的时候都不要放松。

如何好好回答？

一旦解决了仪容仪表的问题，剩下的就是你将要说的内容。通常，面试还是比较轻松的，除非你遇到很严格的面试官。面试内容主要涉及你的能力、工作经验和工作动机。

» 如果面试官对你说："自我介绍一下吧！"你不要讲述你的私人生活。告诉他们你的职业生涯中能够符合该职位需求的性格特点，仔细讲述并扩展简历中的某些方面，以及你的个人远期目标。

» 适度地表现出自己的壮志雄心。当然了，如果你想慢慢提升自己，你得有耐心。

» 避免简单地回答“是”或者“不是”，应给出解释。

» 不要说出自己的需求，这是次要的，要告诉招聘单位你能为公司带来什么。

» 最后，一定要避免讥讽，故意说一些没什么用的笑话，这不合时宜。

如何避免惨败

没有经验、准备不足、紧张……某些态度也可能毁掉一个求职者。最常见的错误如下：

» 垄断对话。通过倾听，你会获得更多的分数，而不要试图千方百计地以“我……”之类的话题来推销自己。

» 标榜自己毫无缺陷。如果你表现得过于自信，人们就不得不质疑你的能力，质疑你是否能融入一个团队。因此，你越是对自己的能力有信心，就越是要谦虚：不要吝惜说“我还有很多需要学习的地方”。

» 诋毁其他求职者。面试官会觉得，你在新工作中也会如此诋毁你的同事，这可能会将你淘汰。

» 高估以往的成就。你可以强调你曾经做出的贡献，但是不要把一切都归功于自己。物归其主：成功很多时候都是团队共同努力的结果。

» 提过多的问题。当然应该提问，这可以显示你对该职位的兴趣、你的动机、你中肯的想法。一个好的问题甚至可能会让你脱颖而出，但不要颠倒角色：你是等待挑选的求职人员，而不是招聘人员。

» 提愚蠢的问题。“你的公司从事哪个行业？”“首席执行官叫什么名字？”“你们公司员工多吗？”在没有提前了解这些信息之前，不要参加面试。至少了解：公司经营项目、经理姓名、员工人数、旗舰产品、市场地位……

» 面试时问工资。求职面试的目的是确定你的技能水平和空缺职位是否匹配，因此，最后才会谈薪金问题，而且这是由面试官问的，而不是你。

» 过早地提出问题。“我每个月可以休几天假？”“你们公司提供餐票吗？”“加班有工资吗？”“公司委员会好吗？”等等。在你获得这份工作机会之前，不要问这些问题。

警惕问题陷阱

这些问题并没有什么怪异之处，它们通常很普通，但如果你没有为此做好准备，那就糟糕了。

以下是招聘人员最喜欢的五个陷阱问题：

“先介绍下自己吧……”

它通常出现在面试的开始，几乎所有人都会上当。你会花很长时间全面地讲述你会做的一切：完全搞错了！最好做出简短的回答，比如，“我的简历上写得很清楚”，或者反问一句，让面试官起头，比如，“你对我的哪方面最感兴趣呢？”

“你的优势和缺点是什么？”

大部分求职者在说缺点的时候，都不能好好回答这一问题：“我有点太完美主义了”或者“太固执了”……或者，他们就像叠汉堡一样回答问题：一个优点，一个缺点，一个优点，等等，最后再说一个优点，让汉堡更可食用。面试官每天要听三千次这样的话，他们累了。

要想让人耳目一新，你应该列举一个真正的缺点，当然是你尽力在改正的一个缺点，但是，这个缺点对于你要申请的职位并没有太大的影响。例如，你并不擅长社交，但是，好吧，你应聘的职位是个程序员，而不是销售员。

“你为什么离开了以前的职位？”

毫无新意的答案会让你吃亏的：“我的工作太出色

了”“我的老板是个白痴”“我很无聊”……你看起来像一个自大的人，不可靠。

最好说你想要追求新的东西，想要面临新的挑战，这样可以更好地推销自己。

“我们可以从 100 中减去 10 几次？”

一个好的招聘者总是会问你一个令人困惑的问题。如果一个问题没有意义，那就别找答案了，就真诚地回答，并解释为什么（不要只是说“是”或“否”）。或者，他会问你一个小问题，来测试你的思考方式。如果回答得好那就加分了，在这种情况下可以这么回答：“一次，之后就是从 90 里减去 10 了。”但如果你回答不出来，他也不会将你淘汰。

“致命”的 10个问题

» 如果你继承了叔叔的比萨店，你该怎么办？（大众汽车提出的问题。）

» 如何制作玛氏巧克力？（美国合众银行提出的问题。）

» 如果没有磅秤，你如何称量大象？（万国商业机器公司提出的问题。）

» 你的部门有20个人。你如何组织员工，找出你所在地区去年售出了多少辆自行车？（斯伦贝榭公司提出的问题。）

» 在1到10的范围内，论性格古怪，你排在什么位置？（一家信用卡公司——美国第一资本金融公司提出的问题。）

» 想象自己是一支铅笔，我们要把你放进一个搅拌器里，你怎么逃脱呢？（高盛集团，投资银行提出的问题。）

» 我们正在寻找1到1000之间的数字。我们会告诉你你说的数字是“更大”或“更小”，那至少需要多少次才能找到这个精确的数字？（脸书提出的问题。）

» 这个房间可以放几个篮球？（谷歌提出的问题。）

» 5623人参加了比赛，必须进行几场比赛才能找到最终的获胜者？（亚马逊网站提出的问题。）

» 告诉我国内过去十年发生了什么事。（波士顿咨询集团提出的问题。）

资料来源：Jobat.be

“你有问题吗？”

这个问题陷阱通常出现在面试结束的时候。你回答“没有”，或者你再次谈到自己、你的能力、你的动机，那你再次完全搞错了。

良好策略：提一个有水平的问题（提前准备），它可以表明你真的对该职位很感兴趣。比如：“经理的期望是什么？”“你认为这个工作的主要困难是什么？”或者“你们的企业文化是什么？”……

第Ⅲ部分

化解矛盾的技巧

第 12 章　评估你的风险系数

我们身边每时每刻都存在着风险，面对操纵，我们并不平等。有些人比其他人更容易被操纵。难道这是性格弱点吗？大家带着轻蔑的语气说，他们很好、很幼稚、乐于助人……事实并非如此。

实际上，关于这方面的研究表明，有两类人特别容易受人影响，因此，他们也更容易落入他人的圈套：一种是自我评价低下的人，另一种是与之相矛盾的、专制独裁的人。

如何知道你对自我的评价是否真实?

一个自我评价高的人，无论内在和外在都自我感觉良好，这更有利于他的人际交往，他更能承受压力，这一点至关重要。当一个人不相信自己和自己的能力，当他没有足够的信心或没有真正的信心时，一切都会出错。

事实是，自我评价很低的人过分需要安慰，过分寻求保护，最终总是失去自主和独立，甚至是自由。

自我评价低的人很有可能自卑，但是不一定会成为被操控的受害者，因为现实更复杂一点。我们的自我认知不仅限于一个自我评估的问题。例如，有些害羞的人，他们非常清楚自己并不想成为自我评价中的那种人。其结果就是，他们通常会采取一些措施来避免自己成为害羞的人。相反的是，有些人对自己的能力非常自信，外表表现得非常令人信服，但事实上，他们并不知道自己的自我评价很低。这种情况下，因为他们并不知道自己自卑，因此他们更加脆弱。

所以，不管你对自我认知程度如何，问题的关键是要知道这个认知是否牢固。我们能保证自己可以承受他人多大的压力？实际上，有一个很简单的评判方法，只有这一个标准是决定性的：用失败来证明。当我们自我评价良好、遭遇挫折（感情、事业或者其他方面）之后，我们可以更好、更快地恢复。

专制的人也有自己的烦恼

专制的人特别容易受到影响，这看起来很矛盾，其实不然。在20世纪50年代，由于他们或多或少地无条件地尊重社会规范、规则，因此实际上，他们明显比其他国家的人更加顺从。

举个例子：昨天非常听话的美国小孩子，他们纪律严明，学习用功，很多时候，他们长大后会成为保守的、非常重视共和党权利的、价值观僵化的人。另一方面，大多数机灵的、自信的、自主的孩子，长大后站到了自由的左派，变得更自由和具有批评性。

专制的人更容易被拉拢，但同样他们的人际关系也会更加脆弱。随着金融泡沫的爆发，可以看到，有权势的人跟其他人一样上当受骗，即使这对他们的生活影响较小。还不算那些有坚定想法的管理人员，他们被信息技术、人力资源等行业里的“专家”欺骗。一旦脱离我们自己的专业领域，对方掌握着我们所不知道的信息，就会让我们觉得对方很真诚，值得信任。就这样，我们被操控了。即使是他自己的银行家、医生和他的汽车修理工，也同样会发生这样的情况——被操控的原因70%都可能是他对那个人的信任。

你是否有点（非常）容易受到他人影响？

鲍里斯·西瑞尼克曾说过："人类状况的矛盾之处在于，一个人只有在他人的影响下才能成为自己。"很明显，找到平衡就是困难所在：我们应当受到他人影响，但是不要受到太多影响。

你是那种不可改变的人，还是容易被塑造的人？你的风险系数是多少？请勾出以下你认同的观点。

□ 别人绝对不应该责备我，因为我总是尽力而为。

□ 我总是很难说"不"，即使我明知道这对我来说不方便，或者它可能给我带来麻烦。

□ 当事情不对劲时，我更愿意独自承担，继续微笑或者掩饰自己的负面情绪，而不是冒险与他人争吵。

□ 我深信，如果我不为他们做出牺牲，他们会没那么爱我或者欣赏我。

□ 我一直热衷于为自己辩护，即使是为那些微不足道的事情。

□ 我知道我太懦弱，别人经常利用我的善意和慷慨，但我控制不住自己。

□ 我总是非常在意别人对我的看法，我经常害怕他们对我有不好的评价。

☐ 如果没有将别人的需求和意愿放在自己的前面，我会感到非常愧疚。

☐ 我经常道歉，即使没有受到任何责备。

☐ 我经常感到自己一次又一次地犯同样的错误。

☐ 我需要别人喜欢我，我做的一切都是为此。

☐ 当有人生气、提高音量或大喊大叫时，我会吓呆了，我对此毫无办法。

☐ 我经常想知道别人对我有什么兴趣。

☐ 即使没有被要求做任何事情，我也倾向于挑起苦差事。

☐ 对于我来说，拒绝帮助家人、朋友、同事极其困难。

☐ 我认为别人应该永远友善地对待我，因为我对他们很友善。

☐ 我不再计较那些借出去的并且再也没有归还的书籍、DVD、衣服。

☐ 如果没有获得周围人的认可，我从来不会做出重要决定。

☐ 我始终努力取悦他人，并满足他们的需求。

☐ 我更倾向于相信别人的意见和判断，而非自己的。

☐ 我认为生活中，我从来不曾有过太多的选择。

□一个亲人跟我吵架之后，我担心再也见不到他了；与某人稍有冲突，我感觉一切都完了。

□在我的工作中，我经常做超出自己薪酬范围之外的事情。

□当有人在电话里耽搁我太久，或者纠缠了我一个晚上，我会忍下来，并希望他最终自己受不了而挂断电话。

□当我受到责备时，我就支撑不住了。我要么感到愧疚，要么感到愤怒。

□内心深处，我认为自己所选择的学习领域、职业，是为了取悦我的父母。

□为了提高效率（在我的学习、工作中……），我需要有人清楚地告诉我该做什么。

□我经常同意别人的意见，即使我认为他们错了，因为我害怕被拒绝。

□我经常感到愧疚，即使为了一些无关紧要的事情。

□我认为我生活中发生的大多数事情都要归功于别人，而不得益于自己的主动性。

□当有人说我欣赏之人的坏话时，我不会为他辩护。

□我不能忍受批评，我很快感到受伤；即使他们是友善地戏弄我，我也不太知道该怎么应对。

□ 我总是很难和某人决裂（男朋友、女朋友、同事、老阿姨……），即使我知道这种关系对我没有好处。

□ 我经常害怕犯错，即使是很小的决定，我也需要别人帮我打消疑虑，给我建议。

□ 我一直努力满足他人对我的期待，做到让他们开心。

□ 我讨厌独处，当我必须一个人的时候，我会感觉很不舒服，有点迷茫。

□ 当我的老板交给我额外的工作、让我帮忙的时候，我不敢拒绝，只能牺牲自己一个晚上或者一个周末。

□ 在我的生活中，我经常让其他人帮我做大部分重要决定（比如，去哪里居住，从事哪份工作，与谁亲密来往……）。

□ 如果我对他人的请求无能为力，我感觉自己很没用，没有价值。

□ 即使我的夫妻关系、家庭关系和友谊一切都进展顺利，但是我还是经常怀疑我们之间的关系是否会破裂，或者自己是否会被抛弃。

如何解析答案？

计算你勾选的项目，找出对应的段落分析。

少于 8 项

风险系数：17.5% 及以下

这是过于自信吗？你能够相当敏锐地意识到自身的价值。你的判断与决定几乎不取决于你周围的人的赞成或反对，它不会随着你的受欢迎程度而变化。无论如何，你更信任自己的观点和判断，而非他人的。或者这是固执？执着于你自己的想法、选择、决定，你几乎无法被说服，即使是那些好言相劝；对你来说，退后一步，改变主意，从“不”变成“是”从来都不是一件容易的事情。不管怎样，你有坚定的立场，你毫不犹豫地表达自己的观点，你不害怕批评、抗议、激烈的讨论，甚至冲突。即使你没有掌握所有的信息，即使你的对话者对你充满敌意，你也永远不会回避。缺点：你有时过于封闭，不倾听他人意见。然而，没有思想的交流和分享，以及意见的统一，就不可能取得任何有价值的成就。一个人需要受一点儿他人的影响，这可以调和利益和优先事项，让大家和谐地一起生活。

8 至 15 项

风险系数：20% 到 37.5%

相对自主。你的思想相当独立。为了与他人和平相处，你可以做出让步，接受妥协，但这不代表追随他人，或放弃所有的个性。你有自己的品位、想法和意愿。你不需要别人一直牵着你的手。别人更是不能指挥你的行为或干涉你的选择。你有足够的信心去承担责任。当你不同意的时候，你就会说出来（或多或少是温和的）。你不会因为害怕引起争论或冲突，就盲目轻信一切。你的生活不会依赖于他人的赞同（或者反对）。你的自我价值感与别人对你的好感不成比例。当然，你对建议持开放态度，愿意倾听不同的声音，当你别无选择的时候，也会屈服于大多数人的意见。总而言之，你坚持自己的见解，敢于表达不同的想法。

16 至 23 项

风险系数：40% 到 57.5%

这是旧式教育的产物吗？你的父母曾经教育你要无私和奉献吗？这是一种牺牲自我的倾向吗？你的自我价值感与你对他人的付出是成比例的，还是真正的仁慈？与你的亲人、家人或朋友一起，你会优先考虑他们的需求，满足他们的意愿，并尽一切努力让他们开心。你不再计较对他们付出了什么，当一个朋友害怕独自一人去看牙医，要求你作陪，你不会计较拥挤的路途中所浪费的时间，或者不计较自己花了一个周日的下午为他加油打气。你可能多多少少都遇到过类似的情况。但问题的关键是，在潜意识里，你觉得你是亏欠他们的。也许是在你小时候，父母常强调他们为你做出的所有牺牲。不管怎样，今天，你太过于倾向于抑制自己的意愿与分歧，以期逃避可能令人不愉快的交锋，避免冲突。

超过 23 项

风险系数：60% 及以上

独立性接近于零。你几乎是不能独立地做决定、做某件事，或者承担某个项目。因此，在日常生活中，你会花时间问："我今天穿什么？""我给他们（我的父母）在明信片上留什么言？""你认为他们家的牡蛎怎么样，还好吗？"……更重要的决定也是如此：你很少选择度假的地方，或你家的沙发的颜色。对于每一件事，你都需要别人的安慰、肯定。你对自己缺乏信心，即使是最轻微的批评和指责也会对你造成影响。大多数时候，你倾向于放弃、顺从，而不是肯定自我。你很焦虑，害怕被抛弃，害怕自己承担后果。为了避免被拒绝，你打算忍气吞声。你闭上了双眼。即使你不同意或者并不乐意，但在任何情况下你都会说“好的”。你有时候太过于顺从了，不可避免的是，你经常发现自己在关键问题上被剥削了，如物质、经济、性等。

第13章　强化个人价值感

我们认为自己比其他人更了解情况，然后有一天，我们如梦初醒：自己暗地里已经上当受骗了。

我们必须承认，除非我们对自己撒谎，否则我们很容易或多或少地被愚弄、被欺骗、被蒙蔽——即使我们并不是特别幼稚。实际上，我们的人性使我们容易受到他人的影响。

这是因为我们需要归属感：我们是社会性动物，我们只有在他人赞成（或不赞成）的情况下才能成为自己。

这也源于我们的教育方式和我们成长过程中伴随的原则——服从、尊重权威、尊重标准、尊重惯例……

正如我们在上一章中所看到的，这很大程度上也源于我们对个人价值的感觉，我们也称之为自我评价。

个人价值感

简单来说，对自我的评价，就是看到底是否爱自己。

当我们按照自己的评判标准，做了一件正确的事，我们的自尊心就会增强；反之，仍然根据自己的标准，当我们做了错事，我的自尊就受到伤害。

我们可以看到这完全是主观的——我们既是裁判又是参与者。或者，换一种说法，我们的自我评价是我们（真实的自己）和我们想要成为的人（理想的自己）之间的关系。真实自我和理想自我之间的差距越大，对自我的评价就越低。

在这种情况下，自尊与自信是有区别的，这体现了个人的效能感：我们是否相信自己的能力、我们是否具备能力。

例如，你知道自己不擅长足球、数学或手工，但你不会因此得出负面结论，因为这些活动很少有价值或没有价值。

相反，有人认为自己非常具备专业能力，但他从中得出的是负面的自我评价，因为在他看来，自己从事着一项没什么价值的工作，例如传达人员、应召女郎、房地产经纪人……

为什么我们自爱（或者不自爱）？

我们的自我评价取决于许多因素，一些是客观的：基因、年龄、性别、教育等。

例如，今天，我们知道自我评价有一部分是天生的，约三分之一。当我们比较真假双胞胎的时候，我们发现具有相似遗传基因的真双胞胎具有相同的自我评价，而假的双胞胎则不是。

年轻人的自我评价相对较低，并且在生命旅程中（平均）稳定增加，直至60岁时达到顶峰，之后就开始下降。

而且自尊心在生命中某些时候更加脆弱、不稳定：青春期，由于存在疑惑；分娩期，由于孩子的到来颠覆了自我认知；更年期，不能生育可能被认为是一种损失；老年期，觉得自己被排除在外。

我们还知道，女性的自我评价通常略低于男性。这也许是因为，长久以来，儿子更受喜爱已成一条规则。在贫穷国家，通常是把新生的男孩喂饱之后才去喂女孩，而且女孩子的食物营养价值低，她们受到更少的照顾。在富裕国家，母亲哺乳男孩的时间更长，她们会更加紧紧地抱着男孩儿的身体，并且会更乐意给男孩喂饭，而不是出于“需求”，她们跟男孩说话更少，但是更经常地抚摸他们。很多心理学家认为这种肢体上更为亲密的表现，解释了为什么男孩对自我的评价更高。

据其他学者的研究，出生顺序也有关系。例如，有研究表明，与年长的相比，年幼的孩子对自己更加不满，但另一方面，年幼的比年长的在社会中更受人重视，他们的生活也更加安逸。另一研究表明，通常情况下，年长的学习成绩更好，因为他们的自我评价更多地基于他们的成果。

个人经历也有关系。当你在童年时期经历过令人痛苦的个人或家庭经历时——严重的疾病或事故、性侵犯、亲人的离世或监禁、突然的经济改变（破产）、地理改变（背井离乡）——自尊心总是会受到影响。

建立自尊

通常，自尊的建立有点像砌砖垒房：每当我们为自己感到骄傲时，就多垒一块砖，反之，就减少一块砖，通常还不止一块。

从很小的时候开始，我们体验着各种各样的经历，学会走路、说话、拿汤匙、系鞋带等。根据我们感受到的或正面或负面的经历，我们的自尊心也随之增强或减弱。

区别在于：与父母的关系质量。你在拿汤匙时可能会很笨拙，但是如果父母鼓励你，你的自尊心就完好无损了。相反，孩子做任何事都可能成功，但是如果父母太冷漠或要求过高，他的自尊心就会受到伤害。

父母的认可是至关重要的，不仅可以鼓励孩子的某些行为，而且肯定了他们的成果。这样，孩子就可以根据他人的期望，以积极的方式评估自己，并引导孩子学会独立和有自控力。

人们可能会认为社会环境是决定性的。在困难的条件下度过的童年（金钱、家庭环境、文化等）可能会伤害我们的自尊心。事实并非如此。父母的财富、学历或职业与孩子的自我判断之间没有任何因果关系。影响孩子自尊的唯一因素是他所收获的爱。和穷困潦倒的父母一起住在廉价房里，在贫困社区中，他们一样可以健康地成长，并且拥有良好的自尊心。相反，与有钱的父母在“富人区”中生活和受教育，并不能保证他们拥有更高的自我评价。

他人眼光的影响

当你在童年时感到被爱，在以后的人生中，这会给你带来很高的自我评价。另外，父母的冷漠、缺席、放任，让你缺少爱，缺少关注，他们经常说一些贬低你的话（“我为你感到羞耻”“你可笑、愚蠢、无能、毫无价值……”“我们不能信任，指望你……”），父母遵循严格的教育原则，不断地十分严厉地批评你，他们绝不宽容你，这会损害孩子的自尊。因为我们不会对自己说："我父亲是个浑蛋""妈妈铁石心肠""他们疯了"。我们会认为这是自己的错。这个想法在潜意识里不断加深："他们不爱我，不关心我……因为我一文不值，我不值得……"

其他的父母也损害了孩子的自尊心：有过度保护欲的父母放大了日常生活的所有小危险，并阻止小孩的各种尝试（"别那么做，你会摔倒的"），其借口就是外面的世界太危险了。在没有父母支持的情况下，我们不敢做任何事情，因为害怕犯错或失败。

假如我们的兄弟姐妹，或者学校里的小伙伴也过度嘲笑我们，特别是因为我们有一对飞耳，或者有语言坏习惯、过胖、衣着老土等，我们显得跟"别人不一样"，那自尊心慢慢地就开始出现裂缝。

如何增强自我价值感

无条件自我接纳就是解决之道。你会跟我说，这很困难，因为我们还不习惯接受自己，因为我们的身后拖拽着愧疚感的包袱和不和谐的声音（失败、过往的伤疤……）。但这并不代表不可能。无论如何，这里有一些自爱的方法。

宽恕自己

你曾经拥有童年，有过往有曾经，但是今天又是另外的一天。第一原则就是把握你手中现有的底牌，不管是出于天性（你的基本个性）还是后天获得的（社会背景、家长、教育、经历、生活阅历等），你已经尽力而为了。因此，不要感到愧疚，不要觉得自己不够好，不要为自己那些或真实或想象的过错感到羞耻，你需要忘记遗憾和悔恨。不要自责，专注于现在可以做的事情，这样你会对自己更满意。

不要混淆地图和地盘

你的行为（地图）不完全代表你（地盘）。举个例子，你可以做一些愚蠢的事情而不代表你就是个傻子。相反，有一天你可以慷慨大方，但这并不会让你成为一个特别好的人。同样，你可能会有消极的、嫉妒的、吝啬的、仇恨的想法等，但不要就此判定自己是个恶人。只要这些想法对你个人的言语和行为无足轻重，那这就不是问题。自我接纳还需要承认和理解自己的阴暗面。

评判你的行为（及其后果）而不是自己本身

这点就是单纯而简单地让你不要评价自己。你会以什么标准来定义自己的价值？根据你自己的内在要求？你无法确定它们是否准确，是否符合你的实际能力。根据你的良好意愿，你无法提前知晓（上帝或命运的道路无法参透）。因此，不要再这样评判自己："我是对还是错？"而是问自己："对我有好处吗，能满足我的个人需求吗，跟其他的比较这个选择是不是更好？"

不要把婴儿和洗澡水一起扔出去[1]

即使用世界上最好的解决方案，或怀有非常善良的意图，我们的行为经常也会不符合我们的期待，或不符合自身希望拥有（和表现）的个人形象。当你发现自己的行为不令人满意时，例如，如果这个行为看起来无效、不道德或有害，你有两种选择。要么责备自己，让自责压垮自己，最终，你将婴儿（你）与洗澡水一起扔掉（你的错误行为），

1. 把婴儿和洗澡水一起扔出去，词组来源于洗澡的规矩。直到 19 世纪末，自来水资源有限，人们习惯按家中长幼尊卑的顺序来洗澡。当水盆中装满干净的水后，爸爸或者是一家之长先洗澡。接着是长男们，然后是女性，最后是婴儿。逐渐，水变得越来越脏，因此要注意不要把最后的小宝宝遗忘在澡盆里。意思是为了避免烦恼而摆脱某样重要的事物。

要么你就改正，忘掉它，你试图弥补过错，改变自己的方向、习惯，你原谅了自己，等等。

正确看待成功和失败

成功并不能让你高人一等，失败也不可能让你沦为蝼蚁。这并不能证明你比别人高贵或低贱，它也不能让你趾高气扬，反之，也不能让你悄无声息地逃离。它也不能预知未来，也不能说明“下一次”你就一定会成功或者失败。由于对成功过于自信，人们很快就会高估自己的实际能力，接着就失败了，这往往是由于缺乏准备或没有充分考虑到困难。受到失败的困扰，一个人很快就想到放弃，把实际的困难夸大了。但是，这真的很蠢。不如把问题颠倒过来：你真的相信那些爱你的人在你成功的时候会更爱你，在你失败的时候就会减少他们的爱吗？

自尊的十二诫

即使自尊这个概念仍然含糊不清——不是所有的研究人员都同意它的定义——但在这方面几乎达成了共识：自尊非由于过去的经历一下子获得、确定，它是在每天的真实生活中慢慢形成的。

只要你有正确的想法：

1. 认为自己与他人平等，你既不优越也不低微，并接受个体差异：身材外貌、天赋、才能、财务状况等。

2. 深信至少对于你喜欢的人、你所爱的人、那些重要的人来说，你值得关心、尊重、重视。

3. 你的举止要如往常一般，即使你感觉自己并不比听众更优越。

4. 承认并接受自己的缺点——没有人是完美的——专注于自己的优点，而不是浪费自己的精力和时间去试图“修复”或向他人隐藏缺点。

5. 对自己解决问题的能力充满信心，即使遇到失败也能充满斗志。而且当你需要帮助的时候，不要犹豫，向别人求助。

6. 根据你认为最好的选择行事，相信自己的判断，当别人不赞成这些选择时，不要感到愧疚。

7. 不要害怕犯错误——这是你学习、改进的机会——不要以认错为耻，这意味着我们有道德、有责任感。

8. 不要浪费时间反复思索已经过去的事情，也不要担心未来可能发生的事情，而应该从过去中吸取教训，为未来做准备，充分活在当下。

9. 拥有自己的立场、想法、强大的信念，即使在遭到反对的情况下，也准备好捍卫它们，但要有足够的信心根据事实改变自己的思考方式。

10. 先天地表达善意，只要他人肯合作，那就与他们合作，反之，要学会反击。

11. 行事要光明磊落，不要耍花招，这样别人就知道应该遵循什么原则，明白双方的良好合作会带来什么利益。

12. 敏锐察觉他人的情感和需求。不要损害对方，更不要利用他们的弱点来为自己谋取利益。

第14章　谁想为你好，谁对你不利？

今天，教育和管理的关键在于影响力，而不再是权威。没有想法的交流和分享，没有他人的拥护，任何伟大的、有价值的事情都不可能完成。要适应环境、平衡利益、应对变化，就必须受到他人的影响。反之，就是故步自封、闭目塞听、过时僵化、无力改善。但是不要太过于受他人影响，这不利于你个人的发展，你将无法获得他人的尊重，无法获得进步的机会。这也不利于你事业的发展：众所周知，成功的家庭和团队鼓励表达差异；失败者则随大溜，一成不变。他人影响至关重要，因此必须分清楚真假盟友。

如何识别你的盟友（真正的盟友）？

“我很坚强，我不需要任何人，我可以独自解决”（甚至以一敌百）。大错特错！常言道：团结就是力量。此外，所有心理社会学的研究都证明了这一点：生活中最幸福的人、工作中最出色的人，总是那些受益于人际关系的人。因此，拥有良好的人际关系作为支撑，是非常重要的，但不要把所有的人际关系混为一谈。一般来说，有三类良好的人际支撑关系。

» 情感支持：这些人和你建立了共情关系，他们就能感觉到你的感受，能与你分享，你无须解释一切，他们就能理解你。

» 尊重支持：欣赏你的人，他们称赞你，让你提升自我，有时甚至为了你好，严厉地指责你。

» 物质和信息支持：那些帮助你，给你时间、建议、计划的人。

为了更好地与自己和这个世界相处，这三个方面的良好支持至关重要。如果你度过了一个快乐的童年（爱你的父母及其他），这还比较容易、让你自发地在周围重建了良好的人际关系。反之，人际关系就不太良好。我们经常讨论与父母之间的关系：认为给建议的父母 = 不称职的支持者。因此，我们成为一个受虐狂（用政治正确的语言来说，是通向失败的人格）。症状：不喜欢那些为了我们好的人，甚至拒绝他们，而选择让我们失望或虐待我们身体和灵魂的人，最终拒绝他人的帮助，或者曲解他人的好意。

当没有好的父母提供良好的参考意见时，我们要如何避免错误的选择呢？表现得有见地一点，学会快速识别好人和坏人，区分真正支持你的人和那些不值得信任的人。

真正的支持者的特征：这种人关心你的困难，对你的成功感到开心，他不同于那些简单地看热闹的人（喜欢看你出错）或狐朋狗友（假装为你的成功开心）。他多少会感情外露。不要简单地以他的反应来评判他的为人。当你流下眼泪时（你被甩了、老板拒绝给你升职……），他没有痛哭流涕，并不代表他没有感受到你的痛苦。如果说他没哭（或哭得很少），那是为了更好地支持你。相反，由于你刚刚承接了一个有挑战的任务（例如，将冰箱出售给因纽特人），你的"朋友"表现得比你沮丧三千倍，我们不能说他是一个坏人，但实际上他并没有做一个真正朋友该做的事情（告诉你这只是小事一桩，因为这个任务没有竞争）。

不良支持者的特征：这些小伙伴表面上对你表示同情或开心，但实际上，他们内心嫉妒你，是你的竞争对手（你的成功使他们紧张，你的失败使他们安心）。举个例子，你对一个男孩或者销售经理说，安特尔突然抛弃你了，对方对你说："他为什么这么对你？"其实他真正的想法是，

“他是个好伙计，这是你自找的”。

所谓的支持也意味着最低限度的互利互惠、互相扶持，除非你们的年龄差距大（例如，一位老人指点你、比你年长的人帮了你一把），否则单方面获取支持就是寄生。所谓的支持同时意味着解决问题（为了一个咖啡机、对着好朋友唉声叹气或者大吐苦水，这是一种释放压力的方式，但是之后还得解决问题），否则这只能算是你借力的门把手。

谁想为你好……

良好的情感支持

» 母亲相对地看待问题（“没关系，亲爱的，每个人都可能遇到这种事”）、补偿式地看待问题（“来，我们去购物吧，这会帮你换个思路……”）、积极地看待问题（“看到好的一面，现在你可以……”）

» 父亲坚定且让人安心（“别担心，亲爱的孩子，一切都会好起来的”“你知道，我是你永远的依靠”），出于找到你慌乱的原因，父亲的询问更容易让你表达自己的情绪。

» 姐姐欢迎你到她家，但她不会过问太多（她对你能感同身受），她会为你准备好美食，让你重新打起精神。

» 一个闺蜜，你可以在白天或晚上的任何时间突然去她家，讲出所有的小秘密（她会认真聆听，但不横加干涉），或者更简单地说，她不会让你独自睡觉。

» 撒谎的男朋友，当你问他：“你觉不觉得我的屁股变胖了？”他会对你说谎（“不，你别胡思乱想了”）。

» 儿时的好友，他邀请你去餐厅，以有趣的方式告诉你他自己的情感挫折，来让你开心一笑。

良好的尊重支持

» 像朋友一样的母亲，她公平地对待你，她在你需要的时候适时出现（甚至会严厉地指责你），同时又不试图干预你的私人生活。

» 肯定你价值的父亲，他经常告诉你他很骄傲拥有一个像你这样的女儿、儿子（聪明、有趣、机灵、认真、有责任感……），他每次都看得见你做的好事，并大加赞赏。每次你成功了，他给予庆贺（学业、工作）；失败时，他也会让你振作。

» 你父母的朋友，他们既不认为你是个傻子（“你今天和芭比娃娃玩得可真开心”），也不认为你是个“未被拘留的暴力分子”（“你可怜的母亲，我在想她怎么能受得了你”），他把你当作成年人一样看待。

» 每天都夸赞你的配偶（不仅仅是夸你身材丰满、做得一手好菜或者你的床上表现佳），他赞美你的优点（聪明、幽默、宽容、大方等），每次你的自尊心受不了的时候，他都让你重新鼓起勇气。

» 当你状态不佳的时候，有一位可以私下叫你出去、关心你发生什么事情的老师，他鼓励你做出大胆的选择(“你可是种子选手，姑娘”）。

» 一位严格的老板，他信任你（否则，他为什么要招你进公司），把与你能力匹配的工作任务交给你。他不会一直在背后监视你，当你工作出色的时候，他祝贺你（在所有人面前），但他只在私下里指责你。

良好的信息和物质支持

» 吝啬而爱抱怨的外婆总是说每个人的坏话，但她借给你 3000 欧元（“千万不要告诉别人”），让你租一个单身公寓。

» 你的男友偶尔会逗你开心，当你带着他出门的时候，你经常觉得羞愧（他会开一些愚蠢的玩笑），但当你需要换个接头，或者要钉个钉子的时候，他总是能带着他的工具箱出现在你面前。

» 会塞给你各种计划的女友（不错的小餐馆、私人销售……），当她听到某些消息的时候，她会立刻想到你，她会告诉你一些好的机会（工作、邀约……）。

» 充满魅力的王子，他会分担繁重的家务，当你筋疲力尽不想搭地铁的时候，他会想着开着车来接你。当你需要休息的时候，他会让你好好睡觉（即使他非常想扑到你的身上）。

» 给你解释工作的来龙去脉的老板，解释“为什么”和“有什么用”，他们从不毫无理由地分配给你让人心烦的任务，当你遇到个人困难的时候，他也会去找解决方案，而不是拿公司章程说事。

谁对你不利……

不良的情感支持

» 戏剧化的母亲（“哦，我可怜的宝贝，你父亲会怎么说啊……”）或者每当你有问题的时候，母亲就喜欢哭泣（“总有一天，我的女儿，你都会杀了我的”）。还有另一种情况，有竞争意识的母亲，她会暗中为你的小苦恼而高兴（“你看，我之前都跟你说了吧”“我就不会发生这种事”），或惩罚性的母亲（“那是你想要的，现在就不要来抱怨”）。

» 冷漠的父亲（甚至都没有意识到你很悲惨），他取笑你（“哎，不管怎么样，她总是那么爱哭爱闹”）。他经常教训你，或者总是突然发火，因此，你没办法表达自己的情绪，没办法卸下自己的痛苦；他总是针对你，让你变得内向而自闭。

» 总是没空的姐姐（当你告诉她你怀孕了，她是绝对不可能陪你的，因为她不想浪费和自己的新男友共度一夜的时间，其借口是怪你的男朋友抛弃了你），她只听你讲了三分钟的话，接下来的三小时，她就喋喋不休地讲述自己的那些糟心事。

» 男朋友打着关心你的旗号，不停地让你怀疑自己的身材、外貌。

» 听说罗密欧背叛了你，就急着看热闹的好闺蜜，她要你讲述有关另一个女孩的细节，让你不得不一次又一次地回想那个场景。或者她是一个同情你遭遇的伪君子（“啊，男人们，都一个样”），但她没有告诉你的是，她同样也悄悄地背叛了你。

» 相识很久的朋友利用你低落的情绪、脆弱的状态，想要乘虚而入。或者他愚蠢地认为，通过告诉你世界上有更糟的事情（饥荒、艾滋病、迷惑人的手段、达尔富尔问题……），可以减轻你的痛苦，最终却只能让你彻底沮丧。

不良的尊重支持

» 自恋的母亲，对她来说，你只有完美才能满足她的要求，就算你犯了最小的错误，她也会责备你（审判你几个小时）。她永远都不会满意（你所有的一切、你做的一切，从来都不够好，不够……），她从来都不祝贺你，很少夸奖你，但总要敦促你做得更好。

» 冷漠的父亲（不关注你，从来不夸奖你），他阴险地贬低你（“你从来都不擅长复杂的事情，我可怜的孩子”），他总是拿你和更好的人比较（“你哥哥，他是个标杆”）；或者是一个喜欢引诱他人的父亲，他不断地评价你的身材（“哇！瞧这胸部，幸好我是你父亲”），提醒你的穿着（“穿这么搞笑，我要是女孩，也不会看你一眼”）；或者是一位多疑的父亲（“你穿得像个妓女”）。

» 你父母的朋友，多年来一直认为你是一个靠帮忙做家务换取住宿的年轻女孩，他从不征求你的看法，在餐桌上向别人肆无忌惮地谈论你，就好像你不在现场一样（“现在她长大了，她准备做什么工作，那个小不点”）。

» 嫉妒你的男朋友，每当你取得一点成绩，他就跟你板起脸（或者在回家的路上跟你吵架）。相反，当你失败的时候，他变得很有保护欲，非常温柔。

» 在他人面前羞辱你的老师（“你的人生将一事无成”），他让你放弃某些机会（“精英大学，你做梦吧，小伙子？”）。

» 歇斯底里的老板，每次你一犯错，他都会在所有人面前大吼大叫，却从不承认你的优点。他只分配给你无聊的任务（毫无理由地），而不是尝试着充分利用你的才能。

不良的信息和物质支持

» 过分称赞你的祖母（“你一直是我最喜欢的孙女”），她开心地挥霍家庭遗产，却拒绝借给你 1000 欧元、送给你一件小小的晚礼服（“我像你这么大的时候，靠的是做家务来挣钱吃饭”）。

» 经常在聚会上碰头的朋友，每次你请吃晚餐的时候都赖着不走，但是每当你需要一臂之力来清空酒窖，或需要借他的车去宜家购买床垫的时候，他总是溜之大吉。

» 事后才告诉你的闺蜜（“我在马丁的聚会上没看到

你，你错过了精彩环节，真是太棒了”“普拉达的包只要500欧元，你相信吗？但折扣到昨天就截止了”），或者替你做决定（是，他们需要一个人，但我认为你不会感兴趣，所以我给了他们马蒂娜的联系方式”）。

» 把家里的事情全留给你的傻大个，当你发着40°C的高烧卧床不起时，他和他的朋友一起去兜风了（或他坚持要跟你温存），在你需要帮助时（金钱、走关系……），他就自动躲开了：“你自己想办法吧！”

» 根本不考虑你日程安排的老板（例如，在最后一刻给你强加一些任务），因此，你没办法好好安排自己的时间，或者，他没有给你提供必需的信息以完成这项工作（之后，他就更容易责怪你）。

第15章　平息攻击

有些人总是怀着恶意，一直心情糟糕或出口伤人，总是带头把你的任务（和生存）复杂化。在他们面前，你会感到无助、无力。你想要认输，或者与他们对战一场。

他们是工作和私人生活中“患性格障碍的人”，换句话说，是不好相处的人。所有冒犯或操纵我们的人，他们纠缠我们，且随处可见。他们可能是把自己当成国王的客户，又或者是把自己当作明星或受害人的你的同事、假装什么都不懂的会计、假装什么都懂的计算机人员……和他们在一起就只会产生问题，很少有解决方案，一切都没有进展，任何事情都无法完成，你只能沉浸在痛苦之中。他们有权说“不行”，而且他们滥用这个权力。即使他们说了“好的”，也总是伴随着“但是”“如果”“也许”以及“绝不”。

多亏了他们，地狱都充满了善意，生活就像一个十字路口。没有他们，我们会做得很好，但是，他们是避无可避的。我们不一定能选择自己的谈话对象，除非你去太平洋的荒岛求生，或隐居到喜马拉雅山的洞穴之中。

那么，怎么办呢？如何让你不再感到被虐待、被贬低、被侵吞和沮丧呢？如何保持积极和创造性的心态呢？如何保持良好的性情和效率呢？面对一个患性格障碍的人、一个难以相处的人、一个死不服理的人，这可不容易做到。但是，受到营销和管理技巧的启发，存在一些方法可以面对这类人，因为所有这一切最终都归结为行为和沟通问题。患性格障碍的人，如同（几乎）其他人一样，都可以应付。为此，你必须遵守一些基本规则（这对你的配偶或银行家也同样有效），并学习一些策略，以应对这样或那样难以忍受的行为。

规则 1：避免消极反应

面对难以忍受的行为：冒犯（直接或间接）、企图进行恐吓或操纵、阻挠或者逃避，首先要做的是避免消极反应。患性格障碍的人造成的大多数问题都会使我们感到无助和难以理解。

通常在这种情况下，我们要么变得好斗，要么选择放弃、顺从或者耍起了花招。但是，攻击、屈服和虚伪都不是真正的解决方案。通过激进的反应，你也许可以（暂时地）确定你的优势地位，或（暂时地）避免发生冲突。为什么不干脆忽略激进的行为，选择质询或者暂时让步呢？长远来看，激进的应对方法会损害未来的合作。当我们不能避开当事人，或者当我们“被迫”与之建立后续关系的时候，这就很微妙了。例如，专制（激进）反应可以取得短期结果。你的对话者可能（他们也一样）惶恐不安、屈服于压力。然而，从长远看来，可以确定的是，我们不能很好地完成这项工作，你的项目会延迟，你的努力会受到损害。在最坏的情况下，你可能致使事态升级，导致你们之间的关系突然或者渐渐地破裂。

顺从的反应也是如此。在短期内，你的谈话对象可能会认为你很友善，值得合作。但是他们会越来越不尊重你，并恶意地利用你的弱点、你顺从的态度或者“怯懦”。此外，长期的顺从态度常常导致受人欺负。因此，挨打是没有用的。

另一种消极反应：虚伪。假装出自己没有的想法和感觉，谄媚对方，或利用情感、魅力等进行勒索以获得自己想要的东西，通过给第三方透露消息或散布消息来给对方施加压力。当然，你可以说服别人你有这个想法或创意，说服他们按照你的想法来思考和行事。但从长远来看，他们会意识到你操纵了他们，你将会遭到报复、失去信用、失去信心等。

规则 2：理解缘由

实际上，真正患性格障碍的人是很少见的。当然，我们发现到处都是恐怖的“小头领”、臭名昭著的伪君子、变态的配偶、狂妄自大的人，或各种各样的偏执狂。但是真正的浑蛋、奸诈阴险之人还是很少见的。总的来说，并不是这个人本身难以相处，而是他们的行为让人受不了。

人们经常认为某个行为怀有恶意、意图伤害我们，但其实这种情况很少发生，大部分难以忍受的行为都是解释得通的。它们常常是出于客观原因，由于性格、价值观、利益的差异导致，或者人们对情况、问题、紧急事态的评估出现了分歧。因此，与人相处困难通常是由于对事实、目标、优先事项产生了分歧或误会，对动机和意图产生了误解。

通常，我们觉得对方十分顽固、带有敌意、软弱，其实对方只是在表达自己的恐惧、焦虑和慌乱。难以相处的行为首先表现在它的防御性、自我保护性或补偿性上。这些行为试图对他人，尤其是对自己掩饰个人的软弱或不安全感。于是他们打击你、讽刺或羞辱你，他们也就变成了麻木不仁或者背信弃义的人。

面对这种态度，我们必须超越表象，试着设身处地地为他人着想，去理解他们行为中的利害关系，然后再质疑对方的态度。想想那些难以相处的人，为什么总是“那些人”在找你茬儿？为什么某些行为比其他行为对你的影响更大？此外，别人是否也觉得你自身的行为让人难以忍受？当面对一个难以相处的人时，永远不要忘记，你自己在别人眼中也很有可能是一个难以相处的人。因此，不要混淆个人与之行为，应区分二者，以避免因小失大。

规则 3：调整你的回应

我们经常面对的最难以忍受的行为通常分为三类：直接进攻、长期骚扰和消极抵抗。

有许多适合的技巧可以分别应对这些难以忍受的行为。当然，首先要精确识别到底是哪一类行为。如果对方当你“不存在”，威胁你或者侮辱你，这显而易见是一种直接性攻击。但有时候很难识别这种行为，比如当攻击不明确的时候（“总之，你的迷你裙不太适合你”，言下之意“你今晚到底想干吗”或者“你屁股这么大，怎么穿得出去”），当对方暗含批评的时候，比如，“我觉得事情进展比较缓慢，是吗？”，言下之意，“这都是你的错”或者“你没起什么作用”。当你的谈话对象看起来心情愉快，感觉他很理解你，愿意跟你合作的时候，就更不容易分辨他的行为了。“听着，我们马上就给你处理。我暂时先给你接上电，这样你就可以立即使用（你的电脑，但少了硬盘；你的复印机，但没办法打印颜色，等等），我回到工作室（办公室、商店……）之后，就去找缺少的电缆（部件、链条……）”三周后，你的电脑仍然没有硬盘，复印机仍然没办法处理颜色。

更糟糕的是，难以相处的人不仅仅是许下一些他们没办法兑现的承诺（你等待加薪多久了），或者打击你的自尊及能力，以此来降低你对自我的评价。有时，他们会引发强烈的情绪和反应，比如愤怒或者痛苦。但通常情况下，他们的影响更隐秘，更伤害我们的自尊。他们播下怀疑和困惑的种子，来削弱我们对自己的信心，使我们迷失方向。最后，我们甚至不知道自己在坚持什么，我们不知道发生了什么，我们不知道该信任谁，该期待什么。因此，不要被这类行为所欺骗，有必要清楚地识别它们，以便调整自己的态度和“回应”。

如何消除负面行为？

在无情的人际关系世界中，最常见的难以忍受的行为可分为四类：进攻、蔑视、恶意和傲慢。

人身攻击

进攻可能采取强制形式（“不管怎样，你别无选择，照我说的去做”）、威胁形式（“不和我玩这个小游戏，我就给你找麻烦”），或使你感到愧疚（“我之前告诉过你，这是你的错”）。

如何应对？

该技术在于利用好时间，并倾听对方的看法，以此平息攻击。

（1）不要立即回答，让你的谈话对象和盘托出。不要为自己辩护（你没有罪），千万不要用同样的方式反击（就算他不是你的老板，你也不能反击）。保持冷静。如果你太生气，如果你无法控制自己的情绪和反应，那暂时中断你们的交流。

（2）寻求解释，例如："你的意思是……""你的确认为……""你能告诉我更多……"总的来说，被倾听而不被反驳可以让人消气。这可以给你更多时间思考，让你更好地看待问题。

（3）注意你的"进攻者"的感受和话语，并强调你的观点："我很理解你（你的感受、想法、迟疑、你的不开心……），但我认为……"

（4）如果对方还在继续进攻，你要么"整体性地"重申你的立场（"我还是认为……"），要么就以改良或者发展的角度以吸引对方的注意："你有一定的道理，但你可以发现，你（在这种情况下，你的行为等）还有进步的空间。"

（5）即使如此，对方仍然持续进攻，向你的谈话对象明确地表达他的态度对你产生了怎样的影响（谈论情绪方面的影响：你感到受伤、你感到痛苦、这会让你生气……）并强调如果他坚持如此，可能会导致的后果有哪些（"你再这样，我不得不求助于第三方——你的老板，我们只能决裂了"）。鼓励他谈论自己的感受，让他解释为什么要这么"暴力"地攻击自己："我知道你不喜欢我，但是……我们曾经合作愉快"或者"我已经尽我所能，希望能给你留下了好印象。”

（6）如果这么做仍然没有效果，如果你的“进攻者”还是经常攻击你，停止和他接触，断绝你们的关系。

伤害人的反应

种族主义、性别歧视、各种形式的侮辱（你的技能、身材、外貌……），当这些伤人的反应触及你的弱点时，则更有杀伤力。它们可以是语言上的伤害——你的谈话对象用居高临下的口吻，（特别刻意地）强调某些单词——或非言语的伤害——对方抬头望着天空，耸耸肩，或者叹口气（暗暗地）让他人做见证（例如：“从她口中什么也问不出来的”）。面对这样的烦恼，我们经常害怕误解了他人的意思（被当作偏执狂），害怕自己反应过度（被当作歇斯底里患者），所以我们任由它发生。

如何应对？

有两种可能性。第一种情况：直接而清楚地攻击（针对你和其他人）。首先，告诉对方你的感觉。

例如：“你的反应（你的态度）伤害了我。你到底是什么意思？”大多数情况下，另一个人会突然改变意见（他是开玩笑的）以此脱身，或者他没有否认自己的行为，那这变成了人身攻击。

如果他在“开玩笑”，那你就重申自己的感受：“对你来说，这可能是个玩笑，但对于我……”原则上，这句话就足够应付他了。

第二种情况：间接的、模棱两可的或隐含的攻击（“我感觉进展比较缓慢啊！”言下之意“你真的什么也没做”）。首先，说假话套真话，例如，“你的意思是我工作不够（或不够快）？”或“你的意思是我控制不了局面？”等。结果：要么你的谈话对象提出一个真正的（建设性）批评，要么他确实存在敌意（人身攻击）。

通常，我们没有时间立刻回应这种情况（我们对此感到惊讶，或者我们还有更紧急的事情要做，等等），但现在还为时不晚。事实上，那些贬低、破坏我们信心或自我形象的行为都不能听之任之（他可能再犯）。永远记住，每个人都有权受到尊重，而且我们需表明对方将来应如何对待自己。

恶意

这是工作中最常见（也是最绝望）的行为。那些对一切说“是”的人（但是他们内心并不这么想，也没有这么做，至少很少这么做），那些操纵者，那些让人觉得他永远没有时间的人（“你知道的，马尚要求我中午准备备忘录，我要先忙这件事”）或者没有办法的人（“我的硬盘坏了，我得花一整天时间去找回这些文件”），那些逃避的人（假装心不在焉、丢三落四、装傻充愣等）……我们并没有真的得到帮助。

如何应对?

面对这种态度，首先应避免掉入对方的陷阱，不要揭露对方。如果你察觉到对方的恶意，如果你抓住对方的错处，暂时不要采取行动。接着，用一种简单但非常有效的技术：“重复法”技术。它在于不断地重复你的要求（保持同样的语调），强调那些操纵你或逃避你的人的“立场”。例如：“我很清楚你很忙（超负荷，你的硬盘出问题了……），但我绝对需要……”一般来说，这个方法很有效，对方在你的重复之下最终还是会让步的。坚持下去，直到对方满足你的要求。

傲慢

残暴的老板、专横的客户、具有创造性的“天才”，在所有拥有权利、知识或极具才华的人中，傲慢是他们最常见的小毛病。显然，他们是特别的，他们并不觉得自己微不足道。他们不可避免地使用和滥用自己的（或真实或幻想的）优势地位。他们看不起你、（或多或少有意识地）轻视你。在他们面前，即使你没什么错，即使你并不比他差，你也总是感到不自在。

如何应对？

面对这种态度，没有三十六计，唯一的方法：反抗。当然，要注意方式方法（尤其对方是你的老板）。不要咒骂或人身攻击，而是文明、坦率、直接地对抗。举个例子："你可能在你的领域里是个明星（标杆等），但是这也不是你……的原因"。原理如下：一个明星（他自认为）只尊重那些反对、抵抗他的人（条件是承认他的明星地位）。和一个"明星"交流，如果没有这场初步的对抗，任何事情都不可能办成，也不可能有真正的交流和合作。所以，勇敢一点。不管怎样，你都别无选择，你必须冒着冲撞他、与他决裂的风险。但你没有任何损失，你会赢得一切。

第 16 章　和平相处：12 个和解的方法

“不，你就不能像大家一样排队吗？”“哦，怎么了，不可以吗？”“不，你这样不行，你以为你可以任意妄为吗？”情况越来越糟。你不能真的跟他动手，也不能互相辱骂，但你火冒三丈，你烦躁极了，因为你的电影之夜毁了。这一切都是因为你想捍卫自己的权利（你先到的）或是因为你受不了这种没有礼貌的行为。我们每天面对他人的粗鲁、愚蠢、恶意或攻击。我们为此生气，一步一步捍卫自己的权益。我们错了。和平与爱（peace and love）才是最重要的。

1. 战争：随处都可见的挑衅

我们感到被针对、被边缘化。一个眼神、一个反应、一句责备在我们看来都是不适宜的、不合理的，我们会立刻逃离。我们暂时不会想到对方的情绪。当你的老板看起来心情糟糕时，你不会想到“他的妻子让他在客厅的沙发上睡觉”，你想到的是“他怨我是因为他想伺机打击我”。

和平：不要把所有问题归结于个人问题

他人有权利情绪低落，有权利“失控”，我们不能常常感觉这些都与自己有关。我们应该专注于自己的态度，而不是纠结于他人的行为。不要愤怒地反击对方，与对方保持情感距离，我们就可以化解矛盾。

2. 战争：不能容忍不公正

一个司机超你的车还抢你的车位？税务稽查员或治安官首先就以恶意来揣度你，你的老公打着支持你的名义干涉你，而他的母亲甚至比你更清楚什么是为你的孩子好。在这种情况下，他们打着荒唐的正义的旗号，对你摆出高傲的姿态！你要知道，你有自己的权利、道德、经验和简单的常识。

和平：与大冲突相比，小不公更可取

我们不和粗人以及傻瓜争斗（否则我们就变成了傻瓜）。日常生活中发生的大多数战斗并没有用，它们影响了我们的生活、我们的关系，通常还是算了吧。

3. 战争：坚持自己的想法

我们始终坚持自己的立场，这是动物的本能反应。我们本能地保护自己的领土、成就、特权。有人正在电话亭里打电话，本来谈话即将结束，他马上要挂电话了。你也靠着电话亭，也需要打个电话，但不知不觉中，对方的谈话重新开始了。就这样无意识地，对方牢牢抓紧自己的电话不肯放下了。

和平：丢卒保车

“你知道，实际上，你可能是对的，但我不在乎。”不要总是过早下定论（即使你是对的）。一般说来，此时，对方也会让步的。

4. 战争：想消除他人的偏见

在法国，仍然有人认为地球是平的。我们给他们看卫星照片，试图以此来证明相反的观点。他们的反应：这些是假的，用了蒙太奇手法，或者用了特效摄影。一个偏见（奥朗德很软弱，牛奶、咖啡对健康有益……）总是带有情感和非理性的维度。你越是试图用 A 加 B 的方法证明对方错了，你就越强化了他的偏见，让情况变得更糟。

和平：尊重他人意见（尽管这会引起我们的反感）

我们朝着对方迈出一步，以打开话题或保持交流。我们对待朋友就是如此。我们适应他们的偏见（因为他们也接受我们的偏见）。我们将这些想法放到实际环境中（为什么他们这么认为……）。或者，如果我们无法承受这种偏见，我们干脆逃开。与形形色色的狂热分子或宗教激进主义者争论是没有意义的。

“双赢”策略

我们可以激烈争吵，大家都是失败者。或者，我们可以共建和平，大家都是赢家。怎么选择？重视合作与互惠，而不是个人利益。密歇根大学政治学家阿克塞尔罗证明了这一点。他请专家（心理学家、社会学家、数学家……）制订一些策略（在每种情况下都应采取的措施）。例如，“一个人对抗所有人”是一种策略，“随机”是另一种策略。他们共提出了 63 种不同的策略，其中一些非常复杂。然后，阿克塞尔罗组织了一场计算机联赛，其中每个策略都与其他所有策略进行对抗，也包括它自己。结果："双赢"策略最终拔得头筹。该策略在第一局中寻求合作，然后模仿另一名玩家在前一局的行为。"双赢"策略重视四种个人行为：

——不要嫉妒别人的成功

赢得更多才对我们有利，而非击败他人。当你试图击败对方时，你可能会损失很多。另一方面，在追求更多的成功的路上，有时也会输，但总体而言，你总是赢的时候较多。

——不要做单枪匹马第一人

要心怀善意。因此，只要对方愿意合作，就避免不必要的冲突。满怀恶意的策略会带来强大的报复行为，以及代价惨痛的冲突。

——任何时候都要互惠互利

我们追求合作，但如果对方不肯合作或不再肯合作，我们也要进行反击：反抗既不能太激烈，以免事态升级，但也不能太软弱，否则对方觉得自己可以为所欲为。

——不要太狡猾

换句话说，行事要光明磊落，这样别人才能做到心中有数。简单来说，“双赢”策略要追求显而易见的双赢，这样，合伙人也很容易明白合作的价值。

5. 战争：发出最后通牒

我们觉得自己能赢，只要他人肯让步、肯放弃。因此，我们威胁、恐吓、勒索，结果：对方怀有敌对情绪，最后变成一个公开的冲突。或者他屈服了，但是有一天他会报仇。这就是所谓的“心理逆反原则”：我们越是阻止对方做那些他认为好的事情，他就越是要反抗，按照相反的要求来行事。

和平：让对方“自由地……”

大量的实验证明，当我们说“你可以自由地……”或者“按照你内心的想法去做吧”“你自己决定吧”等，反而会获得更多成效，让对方按照自己的想法行事的概率会增加两倍。

6. 战争：反复劝说

我们试着消磨对方的耐心。典型的例子：为了让朋友或同事戒烟，我们不厌其烦地劝他。即使刚开始时，他认为这个主意还是不错的（这对他的身材、呼吸、性能力都有益处……），你越是坚持，他越是不胜其烦。

和平：我们将主动权交给其他人

我们没有坚持，在碰了第一个钉子之后就放弃了。对方将自行决定是否继续。当然，你没有立即得到你想要的，你也不能陶醉在自我胜利中，这令人沮丧。但是你可以避免争吵，你可以（暂时）放松神经，（长期）保持良好的情绪，也可以避免关系破裂。

7. 战争：小题大做

我们觉得自己受到了攻击，然而我们没有就此打住。相反，他们将它小题大做（我们尖叫、打电话给工会、请律师……）。这是一种恶性循环：对方也感到——有正当理由——受到了攻击，他也以同样的方式作出回应：他大喊大叫，也请了律师……

和平：不做回应

我们可以大事化小，息事宁人，避免事态升级。当发生“极其复杂”的冲突时，通常最好的解决方案是不做任何回应！特别是在工作中，人们每两个月都想辞一次职。当我们不把它小题大做的时候，我们之间的大多数问题都会自行解决。一天天过去，情绪也平静下来，人际关系有了进展，我们也能够相对客观地看待问题。

8. 战争：对对方的示好无动于衷

很多时候，我们的“敌人”，甚至在不知不觉中，给我们发出了小小的妥协和求和的信号。这些信号可能非常低调，侧眼一瞥、害羞的笑容、淡淡的表情。简而言之，就是一种迂回的提议——“我给你带杯咖啡？”

和平：保持“开放”的态度

与其情绪激动，或说“让我安静会儿”，还不如抓住这个机会。我们需要做出回应，即使仍然有点不满，但我们还是要回应！最重要的是，我们不要把对方的示好当作软弱的标志，不要利用这点来进一步打压对方。

9. 战争：用真理来“虐待”对方

“你看我是对的！”我们仗着自己有道理，就觉得有义务（被允许）驳得对方（犯错的人）哑口无言。莫里斯·T.莫斯奇诺在他的著作《两个谎言》中提出“疯狂而恶毒的真理崇拜”。我们有意识或无意识地想摧毁他人。但是，怀有恶意的策略将导致强烈的报复……

和平：寻求合作的基础

我们达成妥协（“我对真理的要求教会了我妥协之美”——甘地），我们给人犯错误或过失的权利。我们应更加宽容，而不是恶意地谴责他人的弱点或失误。真正的宽容首先在于承认不同于自己的思考方式或行为方式，尽量不要禁止或要求他人做某事。

10. 战争：让上级力量介入

为了解决这个问题，我们打电话给大佬、老板的老板、上帝……老套的孩子式的反应：我们要举报，我们会告诉妈妈！拉封丹寓言中有这样的故事，“猫、鼬鼠和小兔子”：大猫同时吃掉这两种动物！妈妈惩罚所有人！

和平：成年人自己解决问题

我们不要尝试越级办事，正如一句老话所言“家丑不可外扬”，我们就从对手那里光明正大地赢得和平吧。

11. 战争：想要复仇

让对方跟我们一样“吃苦”，这就是最初的“以眼还眼，以牙还牙”，有时候带点教育性的托词：“这样，他才会明白这会带来什么样的后果。”

和平：原谅

当情有可原时，我们选择原谅，再不然可以选择离开。科西嘉岛的族间仇杀导致无休止的冲突。我们没有治愈仇杀的伤口，没有继续前进，而是任由伤口裂开，在仇恨中裹足不前。正如《塔木德》中所说：“好好生活。这才是最好的复仇。”

12. 试图羞辱对方

我们不满足于小小的成功想让对方“听命”于我们。由于对方没有选择，他只得心里憋着一口气臣服于我们，他只是暂时地顺从，随时渴望着复仇。1918 年发生的事情正是如此，人们强迫德国接受难以忍受的条件，这一举动埋下了强烈的复仇的种子，结果在几年之后仇恨就爆发了……

和平：胜利时，宽宏大量

不要追击他人。当对方失败时，不要利用自己的成功来打压你的竞争对手或者有“污点”的敌人。不要想着报仇，总要给对手留点面子。

发生冲突后致歉

当我们越界时，要好好道歉可不容易。即使我们感到羞愧、内疚，但是这种情绪要么过于强烈，要么不够强烈，要么很快就消失了。懂得道歉是一门艺术！

事发后不要过早道歉。

道歉的宽慰效果会随着时间而增强：事情发生之后过快的歉意给人一种失落感，相反，迟到一点的歉意会更容易得到谅解。

首先应该留时间给对方出气、表达他的愤慨和沮丧。

只有在你承认所有冒犯、错误或失误时，道歉才真正有效（修复、和解）：你必须努力聆听。冒犯对方之后，对方发泄自己愤慨的时间可能会相对较长（取决于被冒犯的程度）。这种情况下，在道歉之前，你必须在这段必要的时间里，“忍受”“受害者”充满敌意的批评意见。

资料来源：《实验社会心理学杂志》，2005 年

第Ⅳ部分

办公室的幸福

第 17 章　在开放空间找到自己的位置

开放空间（Open space），你所处的冷酷世界！开放空间是白领的未来，节省了场地（10%~40% 的面积），提高了管理效率（由于视觉、听觉上更为靠近）。这是有更多的沟通、更快的反应、更多的团队合作，同样也有更多的压力和更多可能的冲突来源。如何在这个“新村子”里更好地沟通？

双人团队

理想：和一位能力强、谨慎、友善的同事组成一个天生的团队

我们是互补的（比如，广告行业中的一个艺术总监和一个文案撰稿人），我们负责一些相同的项目。我们的层级和职位是平等的，或者其中一位是另外一个的顶头上司。在这种情况下，我们相处融洽，几乎没有等级差别。每个人都可以从对方的经验中获益。三个臭皮匠，顶个诸葛亮。我们更高效：我们互相帮忙，互相支持。当一个人不在场的时候，另外一个就负责给对方带个消息，这样，即使有人缺席了也不会太惹人注意。面对困难时，我们团结一致，面对他人（老板、竞争对手……）的批评和恶意，我们携手并进，勇往直前。

地狱：水火不容

一位需要不停打电话的业务员或助理，如果与一位必须专注于其数据的分析师，或者更糟，一位撰写报告的编辑，与一位需要创造性工作的编辑共同驻扎在一个开放空间，或者，我们不得不忍受一个邪恶的、平庸的、愚蠢的、脾气暴躁的、邋遢的人，他不完成自己的分内工作，他们身上的味道很难闻，而且嗓门很大等。

契约：制定组织规则

人物、时间以及运营规则：即使同事之间并非水火不容，为了提高工作效率，最好规定由哪个人负责做什么事情、怎样做。良好的行为规范：定期整理文件、低声交谈、限制私人聊天……商量共同空间的管理规范：任何人不得躺在那里，不要有太过个性化的装饰，保持距离。实用技巧：

面对面的桌子之间有40厘米高的隔板，可最大限度地减少其他同事移动带来的影响。

“我的团队人员改脾气了。当我们单独在一起的时候，他非常友善，但是我们一旦开会，他就非常令人讨厌！”

斯特凡尼，28岁，业务员

简而言之，他就是个浑蛋！但他不在你的背后说你的坏话，而是当着所有人的面。令人讨厌的是，他可能没有意识到在“私下”说才是友好的，“公开”场合会毁了你的。如果你告诉他：“你看看你在别人面前是怎么对我的！”他会睁大眼睛，非常惊讶（发现你有点过于偏执）。为什么如此表里不一？两个人的时候，你并不可怕，他可以表现得很友善；有几个人在场的时候，你成了他的竞争对手，他必须脱颖而出。此时，他更容易变得讨厌，鉴于你们良好的关系，你不可能反驳他。如何使情况“正常化”？快速反驳。采取与他相同的态度（称为“镜子”的技巧）！这会让他慌了神，他会让你解释清楚。接下来，你就可以掌控局面了。

三到四个人的团队

理想：冷静和专注占主导

我们组成了一支真正的团队，在相同的领域工作（例如，三个业务员共享同一市场），有着相同的目标，或者每个人都有自己的业务领域，例如小型互联网架构、网站管理员、业务员和行政人员。每个人都尊重他人的工作，并尽力互相帮助。例如，如果业务员正在打电话以进行棘手的谈判，我们就不会借此机会打电话给他女朋友，并对她讲这位同事昨晚的爱情故事。我们互相帮助，例如，在开始一项研究或撰写流程手册之前，我们可以更快地获取必要的信息以推进我们的工作。我们在逆境中相互支持（在经历个人失误或失败之后，我们可以更快、更好地恢复）。

地狱：互相争斗

我们是竞争对手，想逃脱对方的魔爪（比如，扣下重要的信息，甚至给出错误的信息）。还有更糟的，有两个（或者三个）人结盟对抗另外一人，他们这么做只为除掉另外一人：他们骚扰他，或者孤立他（不跟他讲话），暗中破坏他的成果，在 big chief（大老板）面前诋毁他，等等。

契约：求同存异

大家共享资源（公用记事本、数据库等），利用一些社交基本礼仪规范来改善相互关系。将办公桌摆放成三角形（并不是两张桌子对着一张桌子）以“平衡”关系，也可以避免对方立刻进入你的视野。实用技巧：使用带耳机的电话，可让人自然而然地降低音量。

“我在办公室有个好闺蜜，但是她总是黏着我，这让我有点厌烦。”

范妮，32岁，记者

办公室里有人黏着你，虽然是出于热情（不一定是为了搭讪），也会（无意识地）让你不自在。我们每个人都有一个家人专属的亲密区域（周围60厘米的范围），不经允许越过这条界线就会让人恐慌，感觉受人支配。

在工作中，领土权法则有极其严格的密码（动物界正是如此）。例如，面对面坐在桌子两边＝对抗；坐在直角的两边＝合作；并排坐＝配合。因此，请尊重这些法则：不要将屁股坐在老板的桌子上，不要坐在他的位置上，不要在没有示意的情况下就进入别人的办公室，即使门是开着的，即使你认为这些规则并不民主。

如果你的同事特别靠近你，且使你周围少于50厘米时，你就边说话边后退，或突然起身去找随便什么东西，以拉开与对方的距离。

人数众多的团队（4到10人）

理想：真正的“重拳出击”

一群商人，一个新闻编辑部……每个人都有自己“重要的”办公空间（12至15平方米）。几乎没有等级差异（经理或部门负责人同坐一条船），沟通信息更方便、更快捷，用不着四处乱跑，便于大家集中精力。氛围柔和、安静，大家彬彬有礼。除了分内工作，每个人都积极参与，跟公司同命运。年长者温和地教导新来的员工，千里马也能更快地被发掘，事业迎来快速发展。

地狱：所有人都挤在一块儿

办公室随意地摆放在隔音效果很差的大厅里，也没有隔板。每个人都关在自己的格子间里：堆积如山的资料、一个比另一个更可怕的各种装饰摆件。人们四处喊叫，根本不可能集中注意力。有研究表明，超过一定的噪声阈值，生产率损失高达20%。

契约：学会共处

学会微笑、问好。降低个人音量，绝对不要咋咋呼呼，把手机调成振动模式或者关掉手机。私人交流请移步至走廊。注意个人卫生，喷低调的香水。请勿在办公室里吸烟或者吃东西。确保不要干涉他人的私生活（不要炫耀个人物品等）。实用技巧：半隔断，以保证“隔开”人群。

“我和一个男孩共享一个办公室，他有严重的体味，我该怎么办？”

梅拉妮，37岁，生产经理

由于不注重个人卫生，有些人会很“难”闻：他并不是每天都洗澡，还不洗衣服、不刷牙。这种情况下，你应该把他拉到一边私下商量，比如在一个咖啡馆里，注意讲究方式方法，不要羞辱他。好意地告诉他这件事对你造成多大的困扰，希望他能改正：洗澡、刷牙、喷除味香水。这些方法都很有效，千万别忘了！难闻的味道，有时候也可能是由于荷尔蒙或情绪失调导致的疾病。他出汗过多，如果压力过大或者饮食不良则越发严重。要么他知道（已经有人跟他说过了），要么他不知道（自己"感觉"不到）。但是这种情况，你也要把他拉到一边，特别说明你之所以告诉他，不是为了取笑他，而是为了帮助他意识到自己的问题，或者帮他解决问题。同样告诉他，你知道他是无意的，难闻的味道跟他的个人卫生没什么关系，并且也不否认他的能力和工作。如果你还想更多地帮助他，那当别人在背后嘲笑他时，就维护他两句吧。

在一个"工厂"里（10人以上）

理想："细胞"文化

根据家具和可移动的隔板，开放空间被分割成更小的人类空间，在那里每个人都可以重建自己的天地。良好的隔音效果（质量很好的地毯和天花板）、柔和舒服的灯光、统一和谐的装饰风格（办公桌设计、漂亮的绿植……）、良好的通风条件、干净整洁的卫生环境……每个人都保有最低限度的隐私和安静的氛围，以提供最佳的工作环境。

地狱：

你就像在监狱里一样，感觉持续被人监视，到处都是上司的眼睛和他人的目光。一切都被放大了。一个反应、一句谴责，每个人都会知道。同事之间小小的分歧也被夸大。四处都是谣言、诽谤，党派林立，争斗不息，令人没有安全感（盗窃、偏执……）。每个人都降低音量（大家都害怕引人注目），以至于最小的噪声都会引起爆炸的效果。

契约：采取默认的良好行为准则

与周围或隔壁间的同事打好关系（比如，对方不在的时候，帮忙接个电话或者回复一下老板，等等），设定社交惯例（茶歇，非正式的小会议，哈哈大笑……），以此来使氛围变得轻松。实用技巧：提供一些小小的封闭办公室，用于会议（需全神贯注地工作、私密交流），职员可自由使用。

“我的男朋友不停地跟我要一些小钱！在咖啡机面前他永远都不带零钱，他总是占我小便宜，今天要一根烟，明天要我请吃一顿饭……”

马蒂厄，35 岁，信息工程师

不良迹象：你的男朋友是个标准的吝啬鬼（症状：他对所有人都“吃白食”，而不单单针对你）或者他看中了你的……你拥有他所没有的东西：智慧、美貌、爱心、责任感，他让你为此付出代价。无论他属于哪种情况，结果都是一样的。用不着三十六计。首先，每次都坚定地说“不行”，即使是一些零碎小事。明确表示你受够了，对方若坚持，你就只能离开。其次，以其人之道还治其人之身。每次遇到这种人，从第一次接触就时不时地对他提出一些请求。原则上，这应该能迅速打消他原本的念头。但是不要忘了时刻警醒自己，避免自己变得跟他一样斤斤计较。

第18章　化解轻度骚扰

人们先验地认为这算不上骚扰。别人总是这么说“他很帅气，人也很好啊”，但其实这仍然是一种骚扰。表面笑嘻嘻的关系通常隐藏着有意无意的操纵。

虚假的恭维

“你真的太美了！我今早可饱了眼福。”

“哇，你买新鞋子了？！”

除某些例外，唯一可以接受的（真正有价值的）恭维是与你的工作和才能相关的表扬。关于着装和身材（“我的美人”“我的小可爱”在广告、商业、公关等行业频繁出现）的评语通常暗含嘲讽，或想要（或多或少有意识地）跟你分一杯羹。尤其是他经常当着其他人的面赞美你的时候。

如何化解：最重要的是，你不要高兴地红着脸、结结巴巴地说“谢谢”（最好的情况就是你被当成傻大姐，糟一点的话，就被当成轻浮的女孩儿或者小白脸）。不要觉得自己特别有魅力，销售经理都爱上了你。赶快将话题带回到正事上：“我们今天见面是为了讨论……”“我必须回去工作”……并尽量不要回应他的恭维。规则：跟其他人一样普通着装，仅保留一点点时尚细节以彰显个性。因此，开会时收起你特别的服装（超级时髦的），比如百慕大短裤或迷你裙（除非老板自己也穿）。

“我看上去太年轻了，我觉得别人不会认真地对待我，这阻碍了我的职业生涯……”

蕾雅，32岁，法学学者

你确定吗，跟其他人相比呢？如果在你这个年龄层，大家都没有类似的困扰，这说明你有“青春”问题。首先要做的是，装扮得更为成熟。你不能像男生一样留出胡须，但是可以佩戴让人显得成熟的配饰：严肃古板的眼镜（即使你不需要）、黑色或灰色且剪裁朴素的衣服，甚至装扮得有点男性化。另一个技巧是，将宝宝的照片放在你的桌子上，很自然地，公司里的人全都无意识地以为你是一位母亲（尽管这个孩子并不是你的）。其次，改变你的态度，尽管这会压抑你的本性。在任何情况下都要表现得“严肃”，隐藏你的快乐、你的好心情、你的主动性（这显得你年轻）、少说话（这显成熟）、审慎地说话（单调的语气、直白、冷漠、简单明了、疏离）。别晃动太快，行动不疾不徐（像老人、参议员……）。

流言蜚语

“你知道，迪布瓦，他可不是表面上看上去那样，实则是个彻头彻尾的浑蛋；在遇到你之前，他伤了前任的心，他的助手还自杀了……”

“别告诉其他人……苏菲想收回你的办公室……”

你刚到一个新公司、一个新部门。一切刚安顿好，你就可以在走廊上“听到”关于这个、那个人的各种小道消息。不，同事的坦言相告并不代表他们信任你，也不意味着你特别的重要。事实上，当你进入一个人类的小社会（一段不可避免的力量关系、一场权力角逐），你代表（作为一个新人，你没有听过任何流言蜚语）一个关键的力量（你会站在哪个“阵营”、你会支持谁……）。或者更简单些，你就是一个垃圾桶，其他人来此发泄他们的好胜心和压力。更糟糕的是，他们试图吓唬你，削弱你的士气，让你反抗某个人。

如何化解：扬起眉毛说：“真的吗？”“你相信吗？”接受这些秘密和提醒（不论是微不足道的小事，还是惊天秘密）。这只是谣言（即使这是真的），并不是信息。不要盲目地相信它（迪布瓦也许不是圣人，但向你泄密的人也不是圣人）。也不要引火烧身：五分钟后，流言蜚语并不会影响泄密之人毫不掩饰地、喜悦热情地拥抱迪布瓦，也不会阻碍他背着你向苏菲说你的坏话。简而言之，跟瑞士学学：你不参与，不发表意见，保持中立。

流言蜚语增进友情？

你想在办公室交到新朋友，与某个同事搞好关系，没有什么比在咖啡机旁或者小酒吧里聊八卦更好的时机了。

俄克拉荷马大学心理学家詹妮弗·K. 博森的一项研究得出了该结论，她研究了流言在构建人际关系中扮演的社会角色。

她指出，当第三方不在现场，你与对方一起吐槽他时，这会自然地促进你与谈话对象的关系。你们感觉更有默契（古老的原则——敌人的敌人……）。

再比如，流言之所以大范围地在友好关系中传播，而且人们总是背着别人说坏话，这些肯定不是没有原因的……

资料来源：《人际关系》，2006 年 6 月

不停地被来回使唤

“请问你能来我办公室一趟吗？”

“你能把这个东西带到六楼吗？”

很好，动起来！当你离开自己的小天地的时候，不要高兴得太早……不像在学校里，你的行动受到限制（“待在你的座位上”），在公司里，久坐不动才能占据主导地位：你“动”得越多，就越不受重视（“去吧，小狗狗”）。

即使在休息时间，也总是下属移步到领导那里（职员们围着领导，在他的办公室喝咖啡……）

如何化解：如果是你的领导为了跟你讨论一件特别的事情，把你叫到办公室，这很正常。不要带着喜悦或恐惧的声音四处乱跑（以正常的步伐行走），也不要打着保证自己独立的旗号让领导等你（温柔的反抗）。如果他要训斥你，那还算好的（无情的老板会直接当着所有人面指责你）；另一方面，避免经常起身去找你的“平级”，或更糟糕的是，找你的下属。

多次僭越

“你瞧，我认为我们可以从这个角度看待这个问题……”

“话说，这个小被子也太可爱了，现在流行这个吗？”

“晚上，工作完成之后，我的搭档经常对我讲他跟他老婆和情人之间的故事，我真的特别反感，我很想离开，但我做不到。”

莱拉，28 岁，档案员

小心那些太自来熟的同事，他毫不避讳地谈起自己的情感——性生活。要么他或多或少有意识地为了骗你上床（“看我多么性感，你就没有心动吗”），要么他是要利用你，把你当作母亲的替代品、心理垃圾桶，甚至试图让你成为他的同谋，帮助他完成那些小小的、不正当的情感和性交易。

如何化解：如果你觉得他像在调情，请不时地提醒他，你已经结婚了，并且很幸福（如果你是单身，就编一个）。即使你没有特别的事情要做，也不要晚上的时候还逗留在办公室，找点脱开身的事情（比如，去找真实的或虚拟的爱人，帮你的姐姐照看小孩……）。而且，最重要的是，千万不要了解对方的隐情：每次都尽量打断他的私密谈话。实在没办法打断的时候，就只能听他讲，但绝对不要给出你的建议和想法。

虚伪的同情

“跟像你这样的女孩一起工作，真的是太棒了！你对这个团队贡献巨大！”

“他们逼着你做……真的太不友好了。”

真的，阿巴莱橱柜公司里的同事都关心你！大家对你的办公室、薪水、工作面试、你乘坐地铁花的时间、你的工作条件都很感兴趣。当接连有三个人过来找你，问你是否还好的时候，你也不可能去洗手间了（他们堵在洗手间门口、里面、出口处）。你要是把这些都当成好意，那你就错了：实际上，他们把你当作谈论焦点和怜悯的对象，他们这么做是为了让你丧失全部的自信，或者为了粉碎你的动力（告诉你，你已经进入了一家无可救药的公司）或为了引发你的偏执症（以及逼得你出错）。

如何化解：尽可能回避个人问题，当你不太了解你的聊天对象的时候，提供自己最少的信息。而且，最重要的是，如果你陷入困境不得不做出回应的时候，请务必强调好的一方面：你的办公室很方便（即使不是丽兹酒店），你应该能涨工资（即使不是在秘鲁），你的求职面试进行得很顺利（证据就是你被录用了），并且你喜欢在地铁里读书（所以你感觉不到过了多久）。简而言之，你不是一个小男孩或者小女孩了，你知道你在做什么、你想去哪里，你不需要找人大吐苦水。

帮个“小忙”

“美女，麻烦你帮我们煮杯咖啡，不打搅吧？”

“我现在很忙，你能让迪斯莫尔来我这里一趟吗？”

当对方非常亲切柔和地询问你的时候，除非你是个总是板着脸的高傲女人或者是个难搞的人，否则你不可能拒绝对方的请求！当遇到以下情况的时候需要拒绝：对方的请求变得频繁（你每天都操劳着别人的事情），或者对方的请求不断升级（“你能帮我去街角那家酒吧买一个黄油醋渍小黄瓜吗，不麻烦你吧”“瞧，既然你都去找了迪斯莫尔，顺便帮我带份文件吧”），或者所有人都找上你了（“对了，你反正要去，不如顺带帮我带一杯可乐吧”“还有我，要一份薯条”）。你很快就会发现自己成了柯赛特[1]，或是一个消防员。最好的情况是你（或多或少有意识地）自降了身份（你配不上付给你薪水的那份工作）；糟糕的是，这会扰乱你的工作节奏（你四处奔波，你替所有人代班，而你却没能做好自己的工作）。

如何化解：第一次的时候可以回复“好的”（你是一个善良的女孩或男孩），但是第二次的时候就要拒绝了。特别注意不要情绪化（不要有这样的反应：“我不是你的女佣”）。借口没有时间就溜过去了：你有太多的工作要

1. 柯赛特，雨果著作《悲惨世界》中一个人物。芳汀可怜的女儿柯赛特被当成女佣一般，成天埋头做杂活。

完成，有紧急的任务，马尚（给你分配任务的上司）还等着你呢，等等。千万要在你的小脑瓜里挤出这一点，我们不是通过对所有人说“好的”来得到大家的喜爱；你越是说“不行”，你就越受人尊重。

太过亲密的老板

“要组建这家公司，我真的力不从心……并不是一直有人帮忙……”

“和马希妮在一起挺好的，但你不觉得她有点偏执吗？”

小心太过热情的老板，他给你讲述他的生活，吐露他的困难，或者太过于关心你了（承诺给你升职加薪、许诺你财富和利益、毫无理由地偏袒你，等等）。要么他（她）（非常愚蠢地）试图勾引你上床（“下班之后，我们可以一起喝一杯，我想更多地了解你”），要么他是想利用你，想要套取信息（询问你对安特尔的想法，这是一种引诱你告密的方式），或者他是为了动摇军心（分化对方力量），或者，他是一个阴险之人，他在隐晦地测试你的能力。

如何化解：如果来了一匹狼（一头猥琐的猪——一头淫荡的母猪），你们的聊天逐渐偏移方向，你发现对方是一个猜疑心重的人（泰国拳击冠军、肌肉发达的情场老手……）或一只母老虎，那需要提醒对方（“今晚，我的朗博要来接我”）。如果他要你对某个人的工作提意见（或更糟糕，谈论他的性格），不要透露过多隐秘：这会不自觉地让你与另一个人对立，给自己树了一个死敌，也可能适得其反（尤其当对方的层级高于你的时候）。首先牢记一个原则，绝对不要讨论那些不在场的人。当然，这一切都需掌握好分寸。

“无伤大雅”的玩笑

“哇！你的薄底浅口鞋真不错，你是用来冲浪的吗？”

“你真的太厉害了，你妈妈没给你报名《阁楼故事》[1]吗？”

带有讽刺意味的小评论就像喝酒：一次没事，两次就变得让人难受。这些玩笑和真诚的示爱（例如，“我很喜欢你，所以我可以为你付出一切”）并不像表面看上去那样无辜。玩笑话就是人们利用一种被社会接受的形式来攻击你（加入一些笑点），而且这是一种阴险的贬低你的方式，

1.《阁楼故事》（*Loft Story*）2001 年法国 M6 电视台独树一帜推出的真人秀节目，开创了法国真人秀节目的先河。

因为你很难对此回应，除非你有巧妙的反击方式。

如何化解：避免跟着其他人一起傻傻地大笑（你被当作傻子），不要做出一副被羞辱的神情（你被当作一个不酷、敏感的女生或者男生），也不要指控开玩笑的人（别人马上会认为你是偏执狂）。你只要带着微笑，冷漠以对就好（小人中伤不了君子），也不要发表评论（既不要夸赞，也不要贬低），请迅速换个话题或者借故离开："这都是开玩笑的，但我还有事情要忙！"

第19章　抑制有害影响

我们不能选择自己的家庭，大多数时候也不能选择和谁一起工作。除非你在理想世界找到一份工作，否则你不可避免地每天都要面对一群多少让人痛苦的傻瓜，而且通常只多不少。

虚伪的、好斗的、游手好闲的、爱炫耀的、毒舌的、恶贯满盈的、阴谋诡计的、骚扰的……那些令我们头疼，并且拖垮我们职业生活的人，需要好几页才能列举完。面对他们，面对如此多的恶意、荒唐之举、恶毒言行，我们经常感到束手无策、无能为力、无比愤慨。我们也只得忍耐他们。通常我们自己也变了，每天早上去上班的时候开始想要退却，工作毫无乐趣可言。或者，我们没办法隐藏自己的坏脾气，最终自己也变成了一个激进好斗的人。

但是妥协和仇恨都不是真正的解决之道。这样做，我们大概能够（暂时地）避免冲突，或者（临时地）确定自己的优势地位，但这付出了多大的代价呀！我们消磨了自己的精神，丧失了生活的欢愉。并且，这只是推迟解决问题，因为随着时间的流逝，你们之间的分歧只会越来越深。

面对诸多纠纷和争执，如何保护自己不再受到他人的侵害，重新学会职场的智慧？跟教练学！

“恐怖分子”

他总是不满意，总是指责你所做的一切事情，他控诉（“我之前提醒过你，这是你的错”），他威胁（“别和我玩这种小把戏，否则别怪我给你找不痛快”），他莫名其妙地突然发作，他会寻找一些无足轻重的借口，当着所有人的面指责你。

应对他的良好策略

» 不要为自己辩护（你没有罪），最重要的是，不要和他正面起冲突（就算他不是你的老板，你也不能这么做）。

» 保持冷静。如果你实在太过气愤，不能控制自己的情绪和反应，那就暂时不要理他。

» 明确地告诉对方他的态度对你产生了什么影响（屈

辱、愧疚感、生气等）以及你将可能采取什么措施（求助第三方，甚至求助上级，可能会与他决裂等）。

马屁精

他的另一方面，就是非常热情，非常关心你、信任你……你感觉他非常爱你，你们之间有某种默契。但是，一旦你不再单独和他在一起的时候，他就完全变了样，他忽视你，多多少少温和地嘲笑你。更糟糕的是，在你的背后，他歪曲、散布你跟他说的话，并且利用它们来跟你作对。

应对他的良好策略

» 尽可能回避个人问题，向对方提供最少的个人信息，并保留自己的意见（你认为你的领导是个傻瓜），不要透露自己的抱负（你对马丁的职位很感兴趣，他转头立马跟马丁告密），跟对方保持距离。

» 当你避无所避时，时常想一想对方或事情好的那一面，使用一些含混不清的表达方式："了解之后，觉得老板还是不错""马丁擅长应急处理……"

"我周围全是马屁精！他们对着领导只会唯唯诺诺，领导说的那些乱七八糟的玩笑话，他们也笑得很大声；如果领导哪一天戴了一条橘色的领带，我敢肯定，一周之后，所有男同事都会戴一条一样的！"

马克，32 岁，房产中介

首先想一下自己是否歪曲了事实。如此一致地拍马屁，这可是很少见的。除非你的领导招聘的所有人都"完全听命于他"。但这样说来，你也可能是马屁精！要不只能说你是他面试过程中的一条漏网之鱼。这几乎不可能。简而言之，这也许是你反叛的一面，甚至是负面、好斗的一面（所有领导都是傻子，他们总是对你要求过多，等等），这种想法导致你把正常的行为（礼貌、尊重、注意……）当作个人崇拜。无论如何，你只有两种解决方案。要么改变自己的想法，和他人保持一致入乡随俗。或者至少随大溜一点，不要太不合群。要么自己独树一帜，但要善用幽默和技巧，比如，不要经常表现得尖酸刻薄，或者像个讨厌的孩子一样破坏气氛。

自以为是的人

他为了引起别人的注意经常说一些废话；他经常自问自答，自顾自地讲笑话；他从不曾认真倾听，经常打断别人的话或者扯开话题……挂在嘴边的常常只有“我”。

应对他的良好策略

» 承认他的优点——他肯定有优点，需用心发现——在他自己展现出来之前。一个自以为是的人通常不自信，他需要不断地吹嘘自己，不断地贬低他人来肯定自我，来得到别人的喜爱。你只要奉承他，他就会拜倒在你脚下！

» 但是不要忘了，你们是一个团队，不要忽略其他人的积极作用。

» 每次你需要他帮助的时候，不妨从奉承他开始，他会竖起耳朵专心听你的，从而更好地帮助你。

自恋狂

只有当他需要你的时候，他才对你感兴趣，他根本不在乎你的问题和困难。如果任务成功了，他会把这一切都归功于自己，并且不知不觉地极力缩小或者贬低他人的贡献。如果任务失败，他绝对不承担自己的责任，通常把错误归咎于他人。

应对他的良好策略

» 设定互惠性规则：每个人各司其职，当大家互帮互助的时候，一切顺利进行。有来才有往，要学会知恩图报。

» 提出请求的时候，总是要用一种清晰而有限定性的表达方式，比如“你负责一下这份资料，辛苦了”，而不是“如果你哪天有空的话，还烦请负责一下这份资料”。

» 当他抱怨事情进展不顺利，或者做得不好的时候，千万不要让对方觉得他自己才是受害者，让他承担起自己的责任。

“职位高于我的那个女孩根本没有能力！我知道，那个职位，我比她适合一千倍。我彻夜难眠，这让我快疯了。”

康斯坦斯，32岁，管理监督员

“有野心”并不是一个粗俗的字眼。几乎每个人都热爱权力，但很少有人承认。所以，这太棒了！你想要更多地控制（他人、你的生活……），登上有关责任、薪水……的阶梯。完全没问题！但是你真的确定能够比你的领导做得更好吗？这是不是一个合理的职业野心（这会对团队更好、对公司更好吗？）或者只是你的欲望而已(你想要这个职位给你带来的特权，别人都巴结你……）。想一想那条著名的彼得原理："在一个等级制度中，每个职工趋向于上升到他所不能胜任的职位；每一个职位最终都将被一个不能胜任其工作的职工所占据。"这条原理适用于你的领导，但是也同样适用于你。所以，相对地看待问题，你也许应该得到这份工作，但你对它的痴迷会适得其反。你要专注于本职工作（使其更加完美、更具代表性），而不是揪住领导的（真实或者假想的）错处不放，你会更有可能获得这个职位。

完美主义者

他认为只有自己才知道如何正确地完成任务，他想要控制一切，因此，他总站在你身后督促你，或对你指指点点。和他这样"扫兴的人"一起工作，一切都变成了无休止的劳役，他只想着工作、生产力，他非常爱说教。

应对他的良好策略

» 鼓励他分清轻重缓急。由于长期忍受压力，他无法区分紧急事项和重要事项。例如，可以给他分配好定额，花多少时间做什么。

» 帮助他相对客观地看待问题，必须做的事情，这些任务需好好完成，但不必一开始就做到完美，可以慢慢地完善。

» 不断地调整需达到的目标、需完成的文件，以防止他纠结于细枝末节。

混日子的人

他随时都在抱怨别人总是对他要求过多，他总是吹毛求疵，或者装傻充愣（“啊，我应该做这个吗”），他做事拖拖拉拉，或者马马虎虎，以求尽量少做工作。他让人觉得他从来都没有时间：“你知道的，马尚中午就要我交一个备忘录，十万火急。”或者他没有办法帮你：“我的硬盘坏了，我要花一天的时间来重新找回那些资料。”

应对他的良好策略

» 运用一个简单，但是极其有效的技巧，也就是“重复法”。不断地重复你的要求，并保持同样的语调，既不能太烦躁，也不能太气馁。比如："我很清楚你很忙（超负荷、你的硬盘坏了……），也理解我已经请你帮了很多忙了，但我绝对需要……"当然，这确实让人心烦，但这是唯一的方法了。

» 让其他人参与你们的交流，例如，当你给他发送电子邮件时，同时抄送一份给别人：当多个人牵涉进这个任务时，他就不太会抱怨或溜号了。

» 在你获得所需之前，不要放弃。

"我工作得太快了……所有人都责怪我！但是老实说，我看不出在一份资料上拖拖拉拉有什么好处。我宁愿工作也不要无所事事。"

佩拉，26岁，执行助理

公司就像学校一样，努力工作的人总是不受所有层级的人待见。这很正常，因为勤奋的人反映了其他人的弱点：无能、懒惰、跟我无关的风气，等等。另外，如果他们工作很快，情况就更糟了！20分钟做完一个备忘录，而其他人需要一整天，他们三小时就完成了一个别人需要一周才能完成的文件……也就是说，你必须问自己一个问题。你的热情难道不是一种（潜意识的）让同事“难堪”的方式吗？尤其是你这么做是为了（总是潜意识的）让领导看到你的能力？如果答案是肯定的，那么，是时候磨平你的优越感了。继续努力工作，但是多花一点时间吧，与其他人的节奏尽量保持一致。还有另一种假设：你的工作能力超过了该职位的需求。这种情况下，你要试着提升自己（内部晋升）或者跳槽（寻找更匹配你能力的新工作）。

卑鄙无耻之人

他经常在公共场合冒犯，甚至羞辱（种族主义、性别歧视……）他人的身材、外貌、能力或工作。每次有人犯了错误，他都毫不掩饰自己的愉悦。他想摆脱某人的时候（通常是你的亲人），就散布他们的谣言，例如，他暗示安特尔酗酒、吸毒、有恋童癖。

应对他的良好策略

» 绝不能听之任之：嘲笑、羞辱、侮辱、威胁、勒索、性骚扰……向他表明你不会是个受害者，也不是他的猎物。

» 快速反击，但不要过于激进，要表现出幽默感。如果这还不够，提醒他诽谤、恶意中伤、骚扰等也是要受到法律惩治的。

偏执狂

他总是想象你觊觎他的职位、他的助理、他的停车位……他的电脑出了毛病，他就怀疑是你给他的硬盘染上了病毒；如果你忘记给他备份一份备忘录或者邮件，他会觉得你在隐瞒信息，意图伤害他，想破坏他的晋升，阻挠他的事业。

应对他的良好策略

» 理解他的想法。当然，他有敌人；有人说他的坏话，有人抱怨他，有竞争对手就等着他犯错好取而代之。

» 要相对客观地看问题。他和所有人一样都有敌人，你也一样，大家都差不多。

» 积极看待问题。如果他有敌人，他就必然有朋友，仅仅因为他的敌人也有敌人，只要他给出一点信任，敌人的敌人就可以成为朋友。

“蛮横无理”之人

小小的残暴的领导、专横的客户、有想法的“天才”……

他们趾高气扬，有些看不起你。例如，只有当他需要你帮忙的时候，才来找你，但他会忽视你的请求。而且，每次当你提出异议，或者指责他的态度的时候，他都大为光火。

应对他的良好策略

» 不要被他吓住了，不要卑躬屈膝，也不要狂热追捧他。相反，小心措辞，尤其当对方是你的顶头上司或者大客户的时候。不要人身攻击，而要坦率地面对，以真正地沟通。

» 承认对方的明星地位，比如，“你肯定是行业内的专家……”，不过也要再次强调你自己的专业性：“但是，我对此也颇有见地……”

如何在同事之间确立主导地位？

知道如何挫败反对意见已经很不容易了，但要想真正在办公室如鱼得水，比如，让别人替你做事，当你需要帮忙的时候有人伸出援手，或者你简单地想要维持办公室和平，就需要采取其他的策略，给人留下印象。

以下 15 种技巧可以让你不知不觉地掌握主导权：

» “你好。”“我不会打扰你吧？”“拜托你了。”“谢谢。”“再见。”……遵循社交礼仪。不要忘了，这些小小的礼貌用语大有用处（若是一个人回复他“很好”，他就不得不表现出自己“很好”，等等）。

» 了解最新资讯（尤其星期一的时候，或者度假归来的时候）：“这周末过得怎么样啊？”“你的儿子他会考通过了吗？”“你的小狗便秘好些了吗？”询问他人的新闻，并作出回应：如果是个好消息，就说“啊，我很高兴听到这个消息”；如果是负面新闻，就回答“天啊，我很抱歉”，以表达你的同情。

» 再次强调，即使你在意自己的民主权利，也要严格遵循层级差异（不要一屁股坐在老板的办公桌上），以及尊重他人的领地（即使门开着，也不要不打招呼就进入别人的办公室）。

» 友善地对待前辈（尤其是脾气执拗的人）：通常情况下，他们都是领导，即使他们不是领导，通常他们也有相当大的影响力。

» 谈论别人感兴趣的话题。同一个球迷聊世界杯，即使你觉得一群人跟着一个球跑实在很傻；跟一个斗牛爱好者聊斗牛术，即使你觉得要逗弄一头500公斤嘴里流着口水的野兽是极其残忍的。做一个好的听众，尤其当话题并不有趣的时候。

» 让别人相信，是你跟他们想的一样，而不是他们跟你想的一样。经常使用“我们”，而不是“我”。并且，当你有坏心思的时候，自己想想就好，不要中伤那些你受不了的人，尤其不要在公共场所贬低对方。

» 千万不要放过任何一个可以恭维同事的机会。

» 避免情绪波动，也不要忽视他人的情绪变化。

» 千万不要坚决地提出你的异议，这只能强化对方的立场。所有的研究都表明，我们都喜爱那些赞同自己观点的人。因此，违心地靠近对方的论点，以达成共识。

» 绝对不要发号施令，也不要强加给别人自己的观点。经常使用“我们”，以让人觉得这是大家共同的决定。

» 当别人请求帮忙的时候，永远不要说“不”，而要表示抱歉：你工作太忙了，要完成一个紧急的任务。马尚（给你安排任务的上级）还等着你。

» 远离争端。当你也牵涉其中的时候，偷偷溜走，与你无关的话，也不要站队。

» 相对客观地看问题（想法、批评、指责），而不是把它转换成私人问题，也不要立马发作。

» 面对攻击，不要立刻反击，保持距离，微笑以对，若无其事地换个话题。

» 不要吃老本。要不断进步，扩大自己的行业影响力。

第 20 章　获得老板的支持

我们每个人都觉得自己的选择或决定是合理的，是经过深思熟虑的，但实际上，我们每个人在前进途中都会让步，除了那些受到感情或者直觉影响的精神病患者。

我们更容易屈服于个人魅力，而不愿与其争论。不管怎样，我们明显更加偏爱有魅力的人。

换句话说，通过拨动你的领导的敏感之弦，你总能收获更多。要做到这一点并不困难，而且这一招对你大有裨益。你不仅能从源头上消除他对你的负面情绪，而且工作上还能事半功倍，获得更为理想的工作氛围。

如何做到呢？这需要你从感情的角度，而非阶级斗争的角度，重新审视你和老板之间的关系。

不要把老板当成老妈！

每次当你的老板对你提出各种请求的时候，或者当你觉得时机到了，可是他仍拒绝你升职加薪的请求的时候，你很想在他面前大哭一场，或者给他一个耳光。

毫无疑问，你完全错了。你表现得不再职业，而更像个六岁的小姑娘或者小男孩儿。你在办公室的行为就跟在家里一样。因为你在办公室里再现了属于家庭式的行为方式和角色。这属于互动和关系情结系统，你卷入了个人情感，采取了情绪化的“回应”方式。

简言之，工作中遇到的和老板、同事之间的问题，和小时候在家里遇到的问题是不一样的。而我们选择了同样的应对方式。只不过这次更加危险。你的老板可没有你妈妈那么耐心。他可以完全否决你的晋升，暂停发放你的工资，当你反应过激的时候，他甚至可以解雇你。有个好方法可以帮你改变这个系统，也就是改变自己的行为方式，收起你那套小孩子的做派。当然了，你不可能把一个残暴的老板变成特蕾莎一样的母亲，但你至少不再感觉酷热难当，或者凉透人心，或者像在众目睽睽之下游泳一般，感觉很不舒服。你能更好地处理矛盾（不仅仅是和你老板之间的）。你的工作氛围和人际关系也会改善，你也更容易发挥自己的才能天赋。关键是，你会增强自己的影响力。

谁是真正的领导?

名义上的领导是一个人，但实际上是另外一个人。如何找到那个掌握真正权力的人?请看以下几个特征：

» 当他说话的时候，所有人都认真倾听。

» 人们经常询问他的意见。

» 他知道如何征得大家的一致同意。

» 他敢于提出反对意见，敢于逆流而行。

» 他可以不参考“上头的意见”而自己做出决定。

» 他可以阻拦一个决定。

» 他更令人尊敬而不是让人害怕。

» 他拥有庞大的人际关系网。

为什么你的老板像你的老妈?

你的老板很像你的妈妈?总是如此。尽管老板大腹便便，吃很多香肠，并且鼻子上还长着一个大大的带有黑色汗毛的痦子（而你的母亲则更像是萨克森瓷器）；尽管你的母亲像个悍妇，（尽管）你的老板则更像个老好人，而不是个凶残的野兽。他们两个很像，因为实际上，老板在你的人生中占有了一个类似母亲的（代表权威和日常性的）位置。你和老板之间的关系结构类似你和母亲之间的。潜意识里，你对老板再现了你对待母亲的态度。这是很正常的反应，因为相对于你而言，他们两个有很多相同点。

你依赖他

当你还是一个小姑娘或者小男孩的时候，你的生活完全依赖于你的妈妈。你指望她在固定的时候给你吃饭、洗漱、穿衣。你尽量遵从她的要求行事，因为你爱她，但也是因为你非常非常需要她。你的老板也是一样的。你很大程度上都依靠他给你钱养家糊口，让你可以洗个泡泡澡，还有钱在飒拉(ZARA)或者盖璞(GAP)买件小小的羊毛套头衫，或者让你在香奈儿和阿玛尼那里定做西服套装。你也很需要他，不管你愿不愿意（双方），你们之间自动地建立了情感关联。

你需要向他汇报

你第一个需要汇报的人就是你的妈妈。“你刷牙了吗？”“——刷了，妈妈。”“我之前让你整理下房间，你收拾了吗？”“——我收拾过了，妈妈。”她也是第一个奖励你的人，她会说：“我为你感到骄傲。”因为你成功地喝完了一碗汤，或者第一次独自洗了一个澡。也是她承诺如果你在第三学期测试中考取好成绩，她就带你去迪士尼乐园。当你忘了带阅读课本去学校，或者打碎了一个中国制的大瓷花瓶，或者撞翻了客厅里面奶奶送的礼物的时候，也是她惩罚你不让你看一集《长袜子皮皮》[1]。你的老板接了你妈妈的班。如今，你需要汇报的人是你的老板。现在，是他在使用那套大棒加红枣的手段。如果你成功说服了一个他关注了很久的大客户，他承诺会给你发奖金。如果你开会的时候迟到了，或者你的办公室一团乱的时候，也是他当着所有人的面责骂你。

你和他一起“生活”

你几乎每天都可以看见你的老板，就跟看见你的妈妈一样，通常情况下，你和老板待的时间甚至比你美好童年时代和母亲待在一起的时间更长。除掉你的睡眠时间、在学校的时间，以及母亲自己的工作时间，实际上，你每天和母亲待在一起的时间只有三到四个小时。而你每天和老板待在一起的时间至少有七个小时，而且他还经常站在你身后盯着你。不可避免地，与他在一起，你还将拥有人力

1. 德国和瑞典于1969年出品的每集时常为24分钟、共13集的电视剧，根据瑞典儿童文学作家阿斯特里德·林格伦的同名作品改编。

资源专家所说的“情感欲望”。你需要得到他的认可、他的赏识、他的喜爱。

你必须尊敬他

和你的老板在一起就跟和母亲在一起一样，有一些心照不宣的规则。在他们面前，你的行为必须符合某些行为准则。比如，你必须表现得对你的老板或母亲十分满意，即使你看不惯他们。即使自己丢面子，也要给老板或母亲面子。你绝对不能质疑老板或母亲的命令，即使你觉得这些命令没什么意义。要首先履行自己的义务（你的工作、你的作业），再去考虑你的安逸和享乐等。

你必须压抑自己的“负面”情绪

在办公室跟在家里一样，你不能表达自己的“负面”情感。你不能惹恼你的妈妈，不能对她送的生日礼物表现出失望，或不能因为她没有遵守诺言而抱怨她。对待你的老板也是如此。你不能猛烈地摔他办公室的门，当他给你一台破旧的 Powerbook[1]，而不是你一直期待的最新的 iMac

1. 苹果电脑笔记本当中最历史悠久的电脑之一，其最早版本于 1991 年问世。

电脑时，你不能拉着长脸对他，或者三个月以来一直拒绝与他共进午餐，就因为他对你说："尼特，现在别跟我争论了。"

你必须与人分享他

老板并不是你一个人的老板。就像你的妈妈一样，你应该和其他人分享她。你的老板很像你的母亲，但他也很像财务总监的母亲、像办公室第三经理助理的母亲。因此，不可避免的是，竞争和情绪连锁反应仍然困扰着你与老板的关系，就如同这也困扰着你和母亲的关系，从而重新激发了你所有的不良反应（那些对你的人生和职业造成伤害的反应）。

"这周末，我的老板邀请了我和我的伙伴，我去不去呢？"

露西，29 岁，客户经理

最好"别去"。我们每个人都有社会角色，如果把忠实的合作伙伴和休闲娱乐的伙伴这两种角色混为一谈，你将会冒很大的风险。老板邀请你共度周末，甚至共度假期，这意味着抹除掉你们的层级差异，然而大部分法国老板，即使是最随和的老板，都不能真正忍受这一点。要么你就保持你们之间的层级距离，随便度过你的周末或假期。如果老板邀请你共度一个周末，甚至一两周，这个陷阱则更加危险，通常这样的人十分专横：他们独来独往，没有朋友；他们醉心于个人影响力，并且将这些运用到他们的合作伙伴身上。另外一个谢绝这种邀请的好借口：你的伴侣。一般而言，我们温柔的另一半难以忍受我们服从他人的命令。简而言之，找个借口吧！

如何不再将老板当成老妈?

要做到这一点，你必须用更恰当的行为来代替你以前的防御反应。这不是一蹴而就的。童年时期的习惯根深蒂固，难以改变。但是，通过以下六种策略，你很快就会从孩童时期的反应中解脱出来，与你的老板（或其他人）建立一种更舒服、更有利的关系。

1. 不要把他妖魔化

这是一种老旧且幼稚的想法。我们做了一件蠢事，我们感觉做错了，所以我们就控诉他人以求自保。我们寻找一个罪人，指定一个替罪羊。我们对妈妈说："我之所以没做作业，是因为安托万（弟弟）就知道打搅我。"或者对老板说："资料之所以没有准备好，是因为德尚把复印机给堵了。"丢掉把责任推到他人身上的坏习惯。改变就从对待你的老板开始吧。当和他共事的时候，事情进展不顺，你们两个都有责任。他就是他，不要指望你能改变他，但是你可以改变自己。与其浪费时间和精力在批评、指责、怪罪他人上，不如好好思考这个问题："我能做些什么来改善情况、改善我们之间的关系？"

2. 别再为他的问题烦恼

当我们小的时候，妈妈是如此重要，我们花很多时间去观察她，去看她是否开心，我们是否做得妥当，等等。如果她刚刚收到税单，或者她花了两个小时等消防员过来，那么她脾气变得很糟糕，但我们会傻傻地想："这都是我的错，一定是我不好。"面对你的老板，你也延续了这种想法。每次当你皱起眉头的时候，你并没有意识到你在仔细观察老板的情绪。当他某一天面色不善的时候，你不会认为"他碰到私人问题了"，而是觉得"他对我摆脸色，一定是因为我犯了什么错”。忘掉这个想法。你的老板也有自己的生活（跟你的妈妈一样），他也会遇到自己的问题。你不用对他哪怕最细微的脾气变化而负责，专注于自己的态度就好。这能帮助你抽离自己的情况和反应，摆脱不良的情绪，从而更加客观地看待问题。

3. 不断提醒自己

孩提时代，妈妈对你说：“我不喜欢小女孩（或者小男孩），他们趴在桌子上就跟小猪一样。看看你那三岁半（比你小两岁）的小表弟雨果，他简直完美！”你就会想“我永远做不到他那样”，然后你就把手指再次插到胡萝卜泥里。所以，你的妈妈生气了，对你吼叫。你非常惶恐，于是直接在非常干净的睡衣上擦手（机械地）。此时，你的妈妈大发雷霆，打了你一下手（哎呀），你就开始哭了。当你的老板对你说：“又迟到了！很明显，我们没办法信任你！”或者，用挖苦的语气对你说：“瞧瞧！你这周工作很吃力！”你又陷入了同样的恶性循环：压力—无效的防御行为—压力增加—行为放大—压力进一步增加—行为进一步放大等。我们想摆脱恶性循环，首先要做的事情就是随时提醒自己这是一个恶性循环。否则，我们就会遗忘它，因为比起努力改变，采取惯有的反应总会更舒服、更容易。要做到这一点，最好的方法就是不断提醒自己，以免遗忘。在你的台灯上贴一个便利贴，写着“恶性循环”，或者随便写点什么，或者在电脑上定时设定提醒，在办公桌上别一个安全别针，或者反着戴戒指，等等，以便提醒自己摆脱这些坏习惯。

4. 摆脱三角情绪

当两个人结成同盟对抗第三人的时候，就形成了三角情绪。在家庭里这种情形十分常见。妈妈对你说：“不行，绝对不能看《德州电锯杀人狂》，这不能给小孩子看。”因此，你就去找你的爸爸，以期和他结盟。或者这种情况，“如果爸爸知道是你闯了祸，他会非常生气的，跟我保证你再也不做了，这就是我们俩之间的秘密。”在公司里也是一样的。马尚和老板（他把老板当成妈妈）有点矛盾，所以他找到你希望得到支持。实际上，他以此来转移自己的一部分压力，他把你当成了垃圾桶（并非故意为之）。当他以这样的话开始或结束你们的交谈的时候：“这件事我只对你说了。”“不要跟任何人说。”那你就要小心了。有时候，是你老板自己在寻找秘密的同盟。比如，他问你觉得安特尔或者安特娜的工作怎么样？当别人向你寻求帮助或者询问意见的时候，这让人得意，但每次卷入这样的秘密，你都会自动地站在某个人的对立面。你会发现你卷入的这场争斗其实与你无关，而这最终让你徒增压力。最好就是保持距离，询问对方是否知情，并且一开始就表明自己的原则，就是不在人后讨论他人，或者不做传话筒。当然，说这些的时候要特别注意分寸。

“我的老板总是在我放假的时候给我打电话。”

雨果，26 岁，业务员

有三种情况：1. 这是成功的代价：你变得不可或缺。你交班的时候给他留一个备忘录，说明所有待办事项以及后续进展事宜，并向他提供他可能需要的相关人员名单和联系方式。2. 你没有提出足够的限制：你的老板在你度假的时候给你打电话，正如他习惯性地会在晚上和周末给你打电话一样，通常这些电话并不十分必要，仅仅就是为了聊天。要想限制你的电话骚扰，需提前告知对方只能在固定的时间内才能联系你（比如，晚上 6 点到 7 点之间），其他时间就关机。

3. 你的老板经常给你打电话，是因为他是一个很容易焦虑的人。你也可以定时给他打电话，这样他会感到安心，自然而然地，他也就不会为了一个简单的肯定或者否定的答案，就不断地轰炸你的电话了。

5. 明确模棱两可的信息

与老板保持良好的关系在于保持关系的明朗化，但这种情况很少出现。和你的老板相处，就跟和母亲相处一样，有很多话题是不能言明的。依照这样下去，遇到困难的话，我们可以通过装傻来逃离困局。举个例子：“但是，妈妈，你曾经对我说：‘要么去洗澡，要么就去做作业。’我已经洗过澡了！”或者，过一会儿说，“对不起，我之前理解的是，你想介绍的文件是Y，我什么也没有准备……”从你的老板的角度看，这也行得通。当他做出承诺的时候，保持含糊经常也能保证他适时脱身：“我是承诺过，如果你超过目标就给你发奖金，但是，你知道，此时对每个人来说都是市场飞速发展的时机，所以……”最开始的时候，就明确那些（你的或者他人的）模糊的信息，你可以增强个人的信用，不仅如此，长此看来，你总是受益良多。这可能会让你避免随之而来的扫兴和所有的沮丧。

要使自己的信息表达清晰化，方法很简单。直截了当，心里想什么就说什么（冷静，但要一直保持谦逊有礼），即使这也许让人扫兴。要弄清楚对方的信息，就有点复杂了，特别是老板的信息。首先，要私下询问，以避免第三人在场时，你们之间的冲突带来的威胁和尴尬。其次，你要选择恰当的时机。如果你不确定询问能坚持到最后，就没必要一开始就“开门见山”。如果你们两人之中，有人很忙或者很有可能被打断，那就暂时不要问了。不要忘了，你的老板，就像你的妈妈（以及大部分人），并不知道自己说的话其实模棱两可。所以，注意询问的分寸，不要指责他两面三刀。

6. 扮演变色龙

每次当一个小孩子和他的妈妈出现了矛盾（或者我们认为出现了矛盾），我们就没办法做自己了，所以，我们扮演了一个角色。我们变成“反叛者”“受害者”“救护者”或者“迫害者”。今天，当我们和老板出现了矛盾，或者和其他人难以相处的时候，你再次无意识地扮演了自己喜爱的角色。如果你总是在你的老板或者职业生涯遇到的人面前扮演同样的角色，显然，你会失去很多抵御风波、重整旗鼓、解决问题的能力。你经常在自己的职位上原地打转，毫无进展，因为你的“答案”是有限的，是一成不变的。扮演变色龙，也就是有能力适应周遭的环境。并不是说你更换了角色，比如不是说你从一个受害的小孩变成了一个叛逆的小孩，而仅仅是你变得更能屈能伸了，反应更加灵活圆滑了。要达到这一点，首先，当你扮演一个角色的时候，你必须识别它。这并不是很难。在反叛的角色里，你会觉得自己长期都在对抗老板。扮演受害者角色的时候，你花很多时间在办公室里抱怨。在救护者的角色里，你坚信你的老板非常需要你的保护（免受其他人的打击——你的同事、供应商、客户、政府部门……）。扮演迫害者角色，你企图（暗中）恐吓、威胁你的老板。确定你通常在领导面前扮演的角色，你也就成功脱离了一半陷阱。你不必再花时间和精力来为自己的行为辩护：“我就是这样的人，我无话可说！”更柔和一些，更开放一点，更坚强一些，你就能更好地“笼络”你的老板，并且，即使他自己幼稚病发作的时候，你也可以泰然处之。

专业的正确做法

» 总是按时赴约（尤其当他总是迟到的时候）。

» 如果只是为了问候，绝对不要进入他的办公室（他会想，他错了吗——你这么做只是为了说明你来上班了）。

» 如果他来得很早，或者很晚才离开，就是为了安静地工作，那你就别跟着起早贪黑地去找他。

» 当他同时要求你办三件事的时候，询问对方事情的轻重缓急。

» 如果你有重要的事情要告诉他，不要在路上碰到的时候说（他听不清楚，而且可能会遗忘）。

» 通知他，但不要打搅他。尽量使用书面的方式给他留言（询问—回复），如笔记、备忘录、电子邮件……

» 你缺席（研讨会、旅游、培训、度假）的话，提前很久就要（书面）通知他，并且提前一周要（书面）确认一次。

» 如果他喜欢“双重选择”，总是给他提供一个备选方案，不要等他自己想出来。

» 如果他让人难以捉摸，不要轻易放弃，继续约下次见面。

10个迹象表明你的老板看重你

你的老板可能欣赏你、看重你、尊重你，但是对你有好感，又是另外一回事。他是否喜欢你？以下10个迹象表明老板看重你（或者他）。

1. 他跟你说话的时候看着你的眼睛

他跟你说话的时候看着你的眼睛，而不是看着天空，看他的文件或其他东西……当他有话对你说的时候，他去你的办公室找你，或者他（打电话、发邮件）让你去他办公室，而不是隔着房间叫你，甚至隔着墙吼叫你。

2. 当他分配给你麻烦工作的时候，他会为此道歉

当他分配给你让人厌倦或者不被人看重的任务时、当他交给你的任务可能会让你遭到侮辱打击（被一个客户……）时，他会提前跟你言明，他知道这对你的自尊心，或者你的能力而言都不算理想，他不会利用你，就好像你能任人宰割，可以无条件地为他服务。

3. 他认为你除了工作之外也有自己的生活

他关心你的家庭和你的娱乐，询问你的周末、假期过

得怎么样。他记得你的生日，邀请你吃午饭，送给你鲜花或者小礼物。他记得你丈夫、你男朋友、你的孩子、你的小狗的名字，关心他们的近况。

4. 他邀请你吃饭

如果你中午没办法休息，他会提议给你带份沙拉或者三明治。他时不时地邀请你一个人，或者和他很相熟的朋友一起吃午餐。他也会邀请你去他家吃晚餐，给你介绍他的妻子、他的朋友。

5. 他当众夸赞你

他永远不会错过任何机会表明他对你的欣赏，每次你工作干得漂亮的时候，他都会在所有人面前称赞你、祝贺你。当他要责怪你的时候，他会私下进行（在关着门的办公室里）而不会在公共场合批评你，更不会当着所有人的面对你大喊大叫。

6. 如有需要，他会维护你

他不会让不愉快的评论或想法（关于你的外表、你的工作……）四处流传，他会阻挠那些（在团队里、部门里、在外面的）咄咄逼人的人。他反对那些勾心斗角，比如，让你的一个下属相信他可以爬到你头上去。

7. 他注意到了你的变化

当你刚刚理了头发，你换了发型、穿衣风格，当你精神状态特别好的时候……他会夸赞你（没有任何暗指）。同样的，当你状态不佳，心情不好，没有睡好，压力过大，太过疲劳的时候，他很关心你，（很体贴地）建议你休息一下。

8. 他相对化地看待你的失败

“这没什么大不了的，每个人都可能遇到。”并且他积极地看待你的失败：“看看好的方面，现在你可以……”而不是常常打击你：“对于复杂的事情，你从来都不知道怎么处理！”也不会不停地拿你跟别人比较（“马丁，他就是个标杆！”），或者数落你好几个小时，并且列举你过去的错误。

9. 他重视你

他鼓励你的壮志雄心，而不是让你局限在目前的角色里。他不对外人“藏”着你（的能力、优点），他不会以你工作出色为借口，只把你留在自己身边，而是鼓励你承担更多的责任，不断提升（培训、内部竞赛……），他帮助你进入公司的高层（他提拔你，向自己的同级推荐你）。

10. 他帮你解决问题

当你碰到私人问题时，他帮你找到解决方法，而不是只关心自己的个人利益，或者拿公司的规则或程序说事儿。比如，如果整个团队都必须更换工作地点，这意味着你每天需要多花两个小时在上班的路上，他会想办法让你待在目前工作地的岗位上。

第21章　搞定你的老板

你每天早上磨磨蹭蹭地去上班，每天晚上回到家的时候，感到备受打击、十分气馁或者愤怒，并不太明白怎么会如此，或者太明白为何如此了。你感觉自己被困在这个职位上，没有干劲儿，过于沮丧。毫无疑问，你在力量关系中处于下风：你什么都没有得到，或者得到的很少、很艰难，以至于你说起这些事情都想流泪。

怎么才能占优势地位，强调自己的需求和权利，让别人真正看到自己的努力呢？要达到这一点，你必须改掉过去防御性的、屈从性的反应，而要采用更坚定的态度和行为。这可不是一蹴而就的。根深蒂固的日常工作习惯具有非常旺盛的生命力。但是，如果运用以下策略，你很快就会发现自己不再受制于老板，他不再能强迫你做某事了。

善意地理解他

一个老板，尤其当他是一个标准的直男的时候，他在人际关系中很少如鱼得水，他通常会显得十分笨拙。如果他并非人情练达，情况就更严重了，他类似于一个肆无忌惮的剥削者，而非一个君子。他也可能无意中伤害到你，让你很失望，但他自己却没有意识到。当这种事情发生的时候，不要赌气，也不要板着脸，不要指责他。他已经做错了，如果他再觉得愧疚，这只会恶化你们的关系。

反之，当我们说某个人很好的时候，接下来，他就很难对我们恶言相加。最开始的时候就承认他是出于好意（他肯定并非恶意，否则，他老早就踢你出局了，或者把你辞退了）：“我知道你不是故意的，但是……”“我知道你也是没办法，但是……”你肯定了他善良美好的一面。接下来，你就更容易向他表达他的行为或决定的负面影响了。

千万不要假设他具有自发的理解能力。你的老板与你既没有相同的约束，也没有相同的利益。通常，对你影响很大的事情对于他而言完全无关紧要，反之亦然。所以，如果出现分歧，向他解释为什么他的态度或选择让你失望或者伤害了你，并询问他为什么事情会发展成现在这样，有没有可以补救的办法。

“我的领导在背后联合我的下属，给我使绊子。”

菲利普，36 岁，客户经理

这很常见，就是这些不尊重层级的人招聘了你！你的领导“结交了”你的下属，以便从他们那里窃取有关你的工作（或者更糟糕，你的性格）的秘密。事后领导又告诉你，挑拨你和下属的关系。或者，他背着你给他们好处（金钱、自由时间等），随后又责怪你没有管理好自己的团队或预算。通常，无能的领导就是如此，他做不好自己的上司交代的工作（他知道自己做不好），反而来破坏你的工作。如果你天赋尚佳，他更会使劲儿搞破坏（他嫉妒你）。此种情况下，你的解决方法是，调动职位、换个公司（这个人是个变态）。如果不可能，请避免正面冲突（例如，直接揭露他）。或者，你可以以其人之道还治其人之身。例如，他告诉你安特尔说了你的坏话，回答他：“他对我也说了你的坏话。”这个技巧虽然低级，但是非常有效。

宽厚待人

你的老板绝非完人，有时候甚至是一个真正的讨厌鬼，所以他经常也会犯错。大部分时间，你就想算了吧，让它过去吧，这没什么结果。但有时候，沉默不语对你意味着巨大损失，尤其当你冲在前面的时候，你的老板却毫不犹豫地推卸责任，让你承担他的过失。

因此，你不得不提出异议，甚至批评他。忠言总是逆耳，尤其当这些批评意见十分中肯的时候。此外，如果你提出的方式不对，反而会得不偿失。你的老板非但不会尽力纠正自己的错误，反而会闹情绪，变得更加固执。

每次当你这么说的时候，情况就如上文所言："和你一起工作，结果总是如此。""你从来都没有考虑到……"不要这么说了。如果这些指责没有意义或者没什么价值，你可能还会被倒打一耙。

如果他做了一个错误的选择，他行为欠妥，请保持积极的心态。首先排除"总是"以及"从来"这样的字眼。使用可以保全对方面子的表达方式："你已经尽力了，我肯定下次一切会好些的。""我知道这并不是你的错……"

同样，尽量避免当着其他人的面提出你的反对意见，即使你的老板明显出错了。你可以仅仅提出"你确定……"，你完全可以稍后再表达你的保留意见，或者私下里再反对他的决定。

“我的老板总是朝令夕改。他抛出一个想法，但在最后一刻，自己又改变主意了，结果徒劳而返。更糟糕的是，让我和客户之间处境艰难。”

亚历克西，29岁，业务主管

这种行为在冲动型、活动性强的老板身上十分常见，特别是那些对自己不够自信，或者压力过大的人。原因并不重要，总结一点就是：他们没有花足够的时间思考。解决办法：站在他的角度看问题。具体来说，每次你的老板要求你做某件事情的时候，趁他改变之前抢先一步。建议他选择其他的备选方案，以让他考虑到所有的解决方案，而不是等事后再来更改。总体而言，用自己的行动力和效率来让他安心。

在领导面前努力表现，但不要太过

跟所有人一样，你的领导也需要被爱。这一点对所有的老板同样适用，即使他们是冷冰冰的行业权威，即使他们阴险狠毒，或者即使他们似乎早就失去了灵魂。

从这个原则出发，首先要做的就是对老板表示友善——或者至少看上去友善——即使是，或者尤其是你有足够的理由讨厌他的时候。

当然了，当我们在领导面前卖力工作的时候，总有点讨好的嫌疑。我们通常做了他虚伪的奉承者，但这是出于正当的理由：与领导的日常关系变得舒服多了。并且，我们通过润滑关系，获得了更多也更持续的发展，而不必一直勾心斗角。

在这种情况下，不要在领导面前过于表现自己以成为众矢之的："这个人，真是个马屁精！"更糟糕的在于，你在老板那里也弄巧成拙。他不会因为你的热情而赏识你，而你反而失去了他的尊重和信任。

因此，当然要努力表现，但是也要谨慎。没有人要求你对他卑躬屈膝，或者因为你的老板戴了条橙色的领带，就要求你也戴一条一样的。这只是要你表现得可亲可爱、"积极"工作以获得尊重。必要的时候，哪怕你变得与众不同（说"不行"，不同意……），也要明确表明你不是谄媚奉承的人。

“我从来都不敢对老板说‘不’，即使工作把我累垮了，我还是没办法跟他作对。”

朱丽叶，27 岁，行政助理

首先，问自己一个问题。为什么你总是要说“好的”呢？为了给别人留下好的印象？为了让自己变得不可或缺？是因为你是受虐狂，还是因为你害怕别人做得比你好？你应该首先学会对自己说“不”。每次当你想“我应该做这个，做那个……”，就反过来想：“真的需要做……”，接着，提醒自己，老板首先关心的事情是你是否能够出色地完成任务，而你则比较关心时间是否充裕。如果你太忙的话，你可以坦率地言明（你的日程安排、你的工作安排），而不要让他觉得你可以全部应付自如。如果老板要求你在极其有限的时间里完成不可能的任务，你要学会拒绝，并给出解释，因为他不可能知道所有员工的日程安排。如果他的要求可能有损于你的工作效率，他会第一个理解你的（否则，他就是个傻瓜）。

吹捧他

你的老板就跟你一样，从他小的时候就习惯跟别人比较。最开始的时候，就是跟别人比谁可以尿得更远，或者比较哪个女生可以和男生关系更好、谁的数学成绩更好。之后，这种竞争通过其他形式延续下来：最好的工作，最高的薪水，最大的利益、权利、威望……

有时候，比较并不让人愉快，但是你的老板和你一样，有一套可靠的防御系统。他的自尊心几乎本能地阻止他和太过强大、太过高大、太过成功的人相比较。他看不到那些比自己优秀的人。

如果你时不时地在他眼皮底下说起安特尔如何如何成功——并非故意，想要激励他或者纯粹出于恶意——后者显然比他成功一千倍，你这么做打击了他的自尊心，必然导致他对你的怨恨。尤其安特尔还是他的同届的老同学，或者是他一直以来的竞争对手。

因此，可以把他和别人比较，但是要选择没有他优秀的人。每天为了讨好他的自尊心要想尽办法。吹嘘他的学业（出类拔萃）、他的能力（卓尔不群）、他的名誉（可亲可爱）、他的成绩（成就非凡）……

害怕吹嘘过度？你错了。我们爱听奉承话，即使我们知道这只是一番恭维，我们还是如饮甘露！

恰当的询问方式

你可能没意识到，你每天向老板提出了大量问题，涉及他的想法、说的话、正在做的事情、将要做的事情、想要或者不想要做的事情。你询问这些问题的方式可能带来消极或积极的影响。

如果纯粹是技术问题，用“为什么”来提问很实用：“为什么复印机仍然是坏的？——因为马丁再一次忘记取下文件上的回形针了。”

但是，如果问题比较“私人化”，他可能无法回答，或者会生气。因为除了回答“因为……”他别无答案，言下之意即“就是如此”或者“我就这样”，这不利于话题的展开。每次当你这么问老板的时候，情况正是如此：“为什么你是这个反应？”或者“为什么你忘记给我涨工资？”你自动地把他的目光吸引到困难上。你徒增了他的烦恼，而且唤醒了他那些负面的情感，诸如无能为力、火冒三丈或者愧疚心理，这些负面情绪可能转移到你身上。

建议用“如何”或者“什么”来提出你的问题：“我

们现在怎么做呢？”“是什么让你有这种反应？”“我要如何做你才能考虑给我涨工资呢？”这样提问，一切都改变了。你把他的关注点引导到解决方法上，或者你至少提醒了他事情的重要性。

“我的老板并不是特别有空，我经常感觉自己有点跟不上他工作的节奏。”

埃玛，28岁，发行人

你老板的时间比你的有价值得多（从公司市场看），你应该优先安排的是他的时间。避免误会，或者避免中途掉链子的最好的办法就是遵从几个原则。因为他的时间比你的紧张（否则，他就是个游手好闲的人），所以不要浪费他的时间。当他问你一个你不知道答案的问题时，不打妄语：要求一个最后期限，给他发送留言。当你向他提出问题时，同时也提出可行的解决方案；是否执行由他决定，但解决方法还要你来寻找。当他分配你任务时，确保你在任务开始之前掌握了所有的要素，不要因为追问细节而回过头来打扰他。你们已经就一个项目、一项任务、一种手段、一种方法……达成一致意见。实际行动时，采取“除非另有通知”的表达方式：“如果你不让我等待的话，我就开始……”“如果你不让我暂停的话，我就继续……”“如果你不叫我继续的话，那我就暂停……”，等等。通过“消极的选择”的方式跟老板工作，你可以赢得（你和他）大量的沟通时间，实际上也能更快地完成任务。

用“我”来表达自己

作为下属，人们自然而然使用“您”或者“你”来沟通。我们说“您的时间观念真的过于严苛了”或者“您承诺给我涨工资的，您给忘了”，又或者“你经常动不动就对我发火，你能不能稍微体谅下他人，这会好得多”。但是一个领导者本质上是敏感易怒的，尤其当他对自己的权威不太确定的时候。

如果你想改善和领导的关系，如果你想得到什么或者说什么的时候，尤其当你说的话可能并不中听的时候，最快的方法就是使用“我”，而非“您”或者“你”。

举个例子，这么说的话事情会进展得更顺利、更有效：“我总是很难准时到达”或者“我想是时候重新讨论一下我加薪的事情了”，或者“我知道冒犯了你，但我很希望咱们能够好好相处”。通过这种方式，你的老板不会觉得你挑战了他的权威。

使用“我”也可以让你相信自己和老板拥有共同语言。比如：“我想，你现在不想谈我的升职，对吗？”或者：“我听说这个新项目由我负责？”

但是仍需谨慎。某些“我”具有欺骗性，它们暗藏着“您”或者“你”，并且总是导致对方防御性的反应。比如，如果你对老板说：“我觉得你对我隐瞒了X项目的信息。”老板肯定会责怪你不够信任他。要想真正地确认这件事，你应该这么说：“我感觉有点不太对劲，因为我不清楚你对X项目的意图何在。”

直截了当

换句话说，不要为了获取所需跟老板斗智斗勇。工资、经费、福利、升职……你有所求，这很正常。你不是志愿者，你也不只是因为爱才来工作。

但是如果你无欲无求，老板不仅不会给你任何好处，而且他还会看不起你，极少数老板除外。

你希望得到老板的赏识，而老板希望你好好工作，这都很正常。但是，不可避免地，他越是欣赏你，你们的关系就越发微妙。

第一种情况，你提出了一些老板没办法答应的请求。他会认为如果不满足你的要求，你就会怪罪于他，比如他不同意你周三带薪休假；或者你业绩突出，想要放一个月假去享受巴哈马群岛的海滩，而老板不同意；或者他不一次性涨你应得的 20% 的工资。

还有另外一种情况，你觉得自己的请求合情合理，但老板却觉得完全不现实。

因此，明确地表达自己的需求。坦率地提出问题，清晰地告诉老板你希望得到什么，这样，你就可以消除他的负面情绪，大家和谐相处，你获得成功的概率就会翻倍。

第 22 章　消除有害老板带来的伤害

个人性格差异、日常人群混杂、竞争、对手、金融博弈、利益冲突、权力关系……工作中不可避免地会引发各种各样的操纵。

每个人都逃不开全球化、市场的野蛮攻占、无赖老板、不断的结构重组、日益激烈的竞争，以及更广泛的诸如社会不公、劳资关系，最近几年，这些都一股脑地摆在我的面前。

从广义上讲，我们可以区分四种有害老板：自恋狂、性格障碍患者、偏执狂和被动攻击者。

如何发现他们并消除他们的有害影响，这一章节就会解决这个问题。

资本主义的七宗罪

为了更好地理解工作中不断恶化的关系，佛罗里达大学管理教授韦恩·霍赫瓦特询问了750多名中层管理人员，调查他们的直属领导最大的缺点是什么。结果非常有意思：

» 26%的人认为老板经常控制不住自己的坏脾气（愤怒）；

» 27%的人认为老板不断追求自己不应得的利益（贪婪）；

» 41%的人认为老板总是尽量让别人帮自己做事（懒惰）；

» 31%的人认为老板经常寻求别人的赞美（傲慢）；

» 33%的人认为老板希望每天都有人恭维奉承自己（堕落）；

» 19%的人认为老板嫉妒他人的成功，认为大家可以依靠信赖他（嫉妒）；

» 23%的人认为老板故意独享那些对他人工作有用的资源（贪得无厌）。

资料来源：佛罗里达州立大学商学院

如何发现自恋的老板?

» 他不断地高估自己的作用，强调自己的角色，他把一切功劳都归于自己：如果成功的话，他绝口不提或者最小化他人的贡献。

» 如遇困难，或者情形糟糕，遭遇失败，他从来都不承担自己的责任，并经常把错误归咎于他人。

» 他极其敏感易怒；当别人提出建议或者反对意见的时候，他会为此感到不快或者生气，他认为这是质疑他本人，或者不尊敬他。

» 他从来不关心别人的需求、愿望或者问题。比如，大晚上的，他会在最后时刻交给你一个需要紧急处理的文件。

» 他嫉妒别人的成功；他经常极力贬低别人的成就，并且认为这一切都是别人运气好而不是因为别人的努力。

» 他不尊重规则：规则只适用于他人。

» 他认为这一切都是他应得的，他无缘无故地期望别人的优待，期待别人自动满足他的愿望。

» 他不断地谈论自己的声名、事业、壮志雄心；他随时都在夸耀自己：学业、成就、能力、人际关系、征服……

» 他的态度和行为经常咄咄逼人、颐指气使，特别是当他处于有利的力量关系时。

为何说他有害？

不管是真的还是他幻想的，他那高高在上的地位让他觉得做什么都是被允许的。合作伙伴、助手，所有人存在的意义就只是为了成就他的事业和辉煌。此外，自恋的老板几乎从不怀疑自己，或者没有意识到自己的自恋。事实上，他长期高估自己，并把所有的负面影响都推给外部因素（他人、市场、不公平竞争、危机……），避免质疑自己。

如何消除？

行不通的方法

» 长期反对他。相反，最好顺着他的话说：夸赞他的优点，因为他肯定有优点；承认他的功劳，但是接下来，要强调你扮演的角色，以及团队所取得的成果。

» 给他一些你不准备继续提供的好处。比如，如果你工作到晚上，如果你周末来加班，对他来说，这很快会变成一种习惯。

» 期待有来有往。在他看来，你就应该多干点活儿，因为他付给你工钱了，你为他工作，你就应该忠诚：他本来就不欠你什么。

» 告诉他你不是任由他操纵的傻瓜。还不如装傻充愣，唯唯诺诺的，尽量逃开这些操纵。

行之有效的方法

» 严格遵循惯例和规则，即使你的老板不遵守这些规则。所以，就算你的老板不拘礼节，你也不能无所顾忌。使用尊称，除非他明确要求你以平辈称呼。

» 如果你对他的赞赏是真诚的，那就表现出来。自恋的人并不是傻子：他们喜欢别人的恭维和奉承，但是他们看不上那些阿谀奉承之人、那些马屁精。

» 不要事事冲在前面，而是作为他和其他人之间的一个中间人：向老板解释他人是如何工作的、他们的需求、他们的愿望或反应。

» 只做必要的评价，并且保证事情的客观、详尽，比如介绍背景、事实、数据等的时候，可以避免他过于私人化的反应。

» 无论在工作中还是在私人生活中，无论过去或现在，都要对自己的成就和特权保持低调。

自恋的老板品行堪忧！

一项关于美国机构的老板的自恋倾向的研究证明了这一论点。韦恩·霍赫瓦特和他的同事曾经对1200名员工如何看待他们的直属上司进行问卷调查。

结果如下：

» 31%的人表示老板倾向于夸大自己的成就以震撼他人；

» 27%的人表示老板一直吹嘘自己，想赢得赞赏；

» 25%的人表示老板狂妄自大；

» 24%的人表示老板非常以自我为中心；

» 20%的人表示老板只有在确定自己会得到回报时才给予帮助。

自恋的老板们因美国电视剧《办公室》大受欢迎，所以，很可惜，他们并不都像史蒂夫·卡莱尔扮演的角色那样虽然反复无常令人讨厌，但同时也富有热情。

资料来源：《科学日报》

如何发现患有性格障碍的老板？

» 他经常使用强制性的表达方式："不管怎样，你没有选择。"使用威胁性的表达方式："我可以找你的麻烦。"或者使用让人愧疚的表达方式："这一切都是你的错。"

» 他经常给你设定不可能完成的目标，以及（或者）远超你能力的目标，然后因为你不具备这些能力而指责你。

» 他没有提供给你适当的工作条件，或者故意提供错误信息以使你犯错。

» 他总是在你背后监视你，同时交代你办3000个任务，然后责备你未能按时完成工作。

» 每次你犯错的时候，他都难掩喜悦，即使这损害了团队或公司的利益。

» 他任由公司内部争斗不和，他经常挑拨离间。例如，他问你是否对马丁的职位感兴趣，然后他会告诉马丁你想取代他。

» 他经常当着他人的面冒犯你，甚至羞辱你的出身、身材、外貌或能力。

» 他会经常贬低你，为了一丁点错误就数落你好几个小时，并且绝对会旧事重提。

» 他总是给你开空头支票：加薪、升职、给你更大的办公室、让你成为合伙人……但是最终你一无所获。

为何说他有害?

老板把人逼到极限，让人灰心、悲观、失去动力：在工作场所，对于那些恐怖主义受害者而言，他们的工作效率会降低1/5，出错的概率提高五倍。最近几年，我们经常在时事新闻中看到这样的人，他们丧失了自信、精疲力竭、压力山大，他们患有焦虑、失眠、高血压、抑郁症，有时甚至会自杀。

如何消除？

行不通的方法

» 指责那些让你深受其害的人。你的内疚或者羞愧会让自己变得卑微，这阻碍了他人赏识你才华和工作的机会。

» 反击。就算对方不是你的上司，也不要采用激进的方法。

» 长期处于防御状态。如果对方感到你懦弱、胆小，他就会加倍诋毁你。

» 跟他纠缠不清。例如，不断证明自己没有错。

» 表现得过于百依百顺。例如，对所有的事情都充耳不闻：嘲讽、羞辱、痛骂、侮辱、威胁、勒索、性骚扰……

行之有效的方法

» 做好自己的事情，不要落下把柄：可靠、总是准时、遵守截止期限（如果不能如期交付，提前告之），保持距离，保持客观，保持灵魂独立，不要讥讽他人，要有幽默感。

» 明确私人生活和工作的界限，以避免他人僭越：只有在工作时间才能联系你，绝对不在晚上和周末接工作电话，等等。

» 任何情况下都保持冷静。如果你感到过于生气，没办法控制自己的情绪，那就中断与对方的交流。

让人讨厌的老板有哪些表现？

在另外一个调查中，霍赫瓦特曾经调查过在不同行业工作的700多名员工，了解他们如何看待自己的老板。

结果十分令人惊讶：

» 31%的受访者表示，他们的直属上司经年累月地忽视他们；

» 37%的人表示，即使他们劳苦功高，老板也从不称赞；

» 39%的人表示老板从不履行诺言；

» 27%的人表示老板总是当着其他同事或上级的面，对他们做出负面评价；

» 24%的人表示老板不断侵犯他们的私生活；

» 23%的人表示老板经常指责别人，以掩盖他自己的错误，或者减少他自己的困难。

资料来源：《领导者季刊》

如何发现偏执狂老板?

» 他觉得你会剥削他或者伤害他，即使他并没有客观缘由（对他人也是如此）。

» 即使没有正当理由，他也质疑你的忠诚（对其他人也是如此）。

» 即使是你最微不足道的想法，或者最稀松平常的行为，他都自以为看清了你的隐藏含义，觉得你轻视或威胁他（对待别人的言行也是如此）。

» 他非常记仇，不会原谅你。

» 他从不告诉你任何事情，因为他担心你会利用这些信息来对付他（也不会向他人吐露）。

» 即使你没有冒犯他，他也会快速反击。

» 他认为你看上了他的职位、他的助手、他的狗……

为何说他有害?

密切监视你的一言一行：他会拿着放大镜看待你所有的言论、行踪、费用明细……急于扩大一点点失误，并且一概而论："我们绝对不能指望你！"稍有差错就来指责你。和他在一起工作，你行动自由十分有限。你不能和他争论，因为他表现出极大的恶意；你不能反抗他，因为他已然对你抱有敌意；或者他会“压制”你：因为他看不起懦弱、害羞的人，会更加凶恶地对待他们。简而言之，对于他而言就是“他人，即地狱”，他认为有权利把你的生活变成地狱。

如何消除？

行不通的方法

» 有幽默感。这正是他讨厌的，他在人际交往中从没有感受到轻松自在。

» 表现得太过可爱、太过友善。你越是如此，他越是怀疑你别有用心，越是想在你背后插你一刀。

» 表现得过于热情、满意（微笑，或声称一个工作、文件等进展非常顺利）。他不能忍受，因为这样他就没有机会批评你，抓不住你的小辫子……

» 未取得他的支持，就采取哪怕一丁点的措施。毫无疑问，这侵犯了他的权威、特权和领地。

» 攻击他：提出批评和意见、指责他等，即使实际上你有道理，或者即使你觉得这属于正当防卫。

行之有效的方法

» 避免犯错：他就等着你犯错呢！

» 在任何情况下都严格遵守规程。

» 在任何情况下都保持严肃：收起你的欢乐、好心情、主动性……老板禁止你做的事，你也就不要做了。

» 向他汇报的时候要明确、冷静、简明扼要，保持疏离感。任何含糊不清、不确定性、你表达自己的方式……都会让他感到不舒服，甚至可能激怒他。

» 尽量用书面的方式与他交流。如果面对面，他会伺机攫取每一个可疑的细节、眼神、态度、姿势……他可能会以恶意来揣度你。

» 模仿他的态度，比如，像他一样吹毛求疵，避免可能忽略的错误，这可以让他安心。

» 即使触碰了你的底线，也要保持镇定，注意礼仪教养，不要失了风度，也不要试图报仇：不要让自己也变成偏执狂！

如何发现被动攻击的老板？

» 他长期非常消极：他只讨论问题和困难，常常觉得无能为力，但从来找不到解决方案。

» 他做事杂乱无章，时常创造混乱的局面；当他不想做某事的时候，就故意拖慢进度，或者敷衍了事。

» 他经常逃避：忘记约会、承诺，长期迟到，“弄丢”资料，所以，把所有人的工作都复杂化了。

» 他经常喜欢讽刺，常怀恶意，尤其当他想要逃避责任、想言而无信的时候。

» 他总是抱怨自己不被人理解、重视，相信自己的工作比其他人认为的要优秀得多。

» 他撒谎，爱找借口，诽谤他人，以此为自己的无能和业绩不佳辩解。

» 当别人为了提高效率给他提建议的时候，他十分固执和不快，但是他并不表现出自己的敌意或者愤怒。

» 他把自己当成受害者：他把自己的失误和失败怪罪于他人，而不承认自己的过失。

» 他嫉妒心强，对于那些比自己优秀的人，充满了不满情绪；他私下里批评或者看不起所有的领导，仅仅因为他们是领导而已。

» 他害怕权威、竞争，抗拒新事物，不愿意进修，不愿意改变现状。

为何说他有害？

我们已经知道，被动攻击者会给你使绊子，不做好分内之事，他喜欢泼别人冷水，扼杀创造力、新观点，拒绝改变。更糟糕的是，他对工作氛围十分有害。他会避免直接冲突，而选择含沙射影地诽谤你，传播谣言。这极其不利于个人和团队的稳定。此外，被动攻击的人总是声称自己的话被误解了，并且否认所有的别有用心。

如何消除?

行不通的方法

» 假装没有听懂他的反对意见。如果你这样做，他就自认为很聪明，反而会变本加厉。

» 指责他。比如，像家长一样数落自己的孩子。这会加重他受害者心理，从而让他越发怨恨。

» 玩报复游戏。他表面上会屈服，但这只会让事情变得更糟，导致事态进一步升级，直到两败俱伤，除非他毫不在意你的报复。

行之有效的方法

» 即使老板让人讨厌，喜好争辩，你也要保持友善。虽然这可能耗费你大量精力，但是不这样的话，情况就更加糟糕。

» 如果可能，尽量每次都询问他的意见，让他参与其中，并表明他比自己想象中更为重要，也比大家想象中的更为重要。

» 帮助他意识到自己的积极行为（例如，祝贺他哪怕是最微不足道的成绩），或意识到自己的消极行为（例如，向他展示这给他自己和别人带来了哪些麻烦）。

» 鼓励他哪怕细微的成就，以促使他采取更多的创新措施，并支持他以让他安心。

» 达成清晰合理的契约：谁做什么事情、怎么做、用多少时间、怎样公平合理地分配角色和任务。

» 设定严格的限制，确保任务的执行，面对任何的违规违纪，找出问题的源头（“是哪里不对吗”），而非一味地指责（“为什么你没有那么做”）。

» 如果老板长期虚情假意，你需要用单调的语气重复你的请求（“重复法”技巧），比如，我知道你非常繁忙，我对你的要求有些过分，但是我们绝对非常需要……